Hygge

L'art danois de créer des habitudes de confort, de joie et de bonheur (comprend des activités, des recettes et un défi Hygge de 30 jours)

Liv Lindgren

Note spéciale au lecteur

Le langage est une chose curieuse. Dans n'importe quelle langue, une expression précise semble être une simple question de vocabulaire ; il suffit d'apprendre une langue, et vous aurez de nombreuses possibilités de faire passer votre message.

Le problème avec les langues, c'est qu'elles sont en constante évolution. Elles sont limitées par leur nature, mais leur marge de progression est illimitée. À mesure que nous apprenons de nouvelles choses, nous avons besoin de nouveaux mots pour les exprimer.

L'anglais est particulièrement curieux. James D. Nicoll l'a bien dit : "L'anglais n'emprunte pas aux autres langues. L'anglais suit les autres langues dans des allées sombres, les renverse et fouille dans leurs poches à la recherche de grammaire libre."

Les paparazzi (en italien) pourraient prendre quelques photos alors qu'un pépin ("glitch" en yiddish) se produit sur scène pendant la performance karaoké (en japonais) d'un acteur célèbre. Cette expression serait impossible en anglais sans le libre-échange entre les langues.

Ainsi, pour saisir ce "je ne sais quoi" qui flotte comme un nuage au-dessus de vous lorsque vous vous sentez heureux et chaleureux, nous devons emprunter un terme aux Danois.

Tamisez les lumières. Mettez-vous à l'aise. Buvez quelque chose de chaud. Souriez.

C'est fait ?

Bien !

Maintenant vous êtes prêt à apprendre le hygge.

Kindness is the
gift of life.

VOTRE CADEAU

Nous aimerions vous offrir un cadeau pour vous remercier d'avoir acheté ce livre. Vous pouvez choisir parmi tous nos autres titres publiés.

Vous pouvez obtenir un accès immédiat à l'un de nos livres en cliquant sur le lien ci-dessous et en vous inscrivant sur notre liste de diffusion :

https://campsite.bio/housepresspublishing

Contenu

Hygge : culture, origine et signification

Vous avez peut-être déjà entendu le terme hygge, probablement de la part de cet ami qui garde son fil d'actualités sur les réseaux sociaux à l'affût des dernières tendances lifestyle. Le terme "hygge" a été présélectionné pour le mot de l'année 2016 du dictionnaire Oxford, ce qui témoigne de sa récente montée en popularité. Si c'est la première fois que vous entendez parler de hygge, il se peut que vous le prononciez mal dans votre tête - il se dit "hyoo-guh" et non à "hi-ggy".

Qu'est-ce que cela signifie ? Eh bien, le terme a été emprunté au danois pour une raison : il est impossible de le décrire en une simple phrase.

Décortiquons l'étymologie du hygge :

> - **Hygge vient d'un mot danois qui signifie "bien-être".**
> - **On pense aussi qu'il vient du mot danois pour "câlin".**
> - **Hug vient de "hugge", qui signifie "étreindre".**
> - **Le terme "Hugge" est lié à "hygga", un vieux terme norrois qui signifie "réconforter".**
> - **"Hygga" est issu de "hugr", qui signifie "humeur".**
> - **"Hugr" vient de "hugyan", qui est lié à "hycgan", un ancien terme anglais englobant "penser" et "considérer".**

Nous pouvons donc commencer par considérer le hygge comme un état de confort et de bien-être, lorsque vous êtes d'humeur à faire des câlins chaleureux à vos proches. Il ne s'agit pas non plus de prendre la grosse tête, mais de prêter une attention particulière au hygge lorsqu'il apparaît autour de vous.

Au Danemark, le hygge s'est développé pour englober les loisirs et la relaxation depuis qu'il est apparu dans les écrits danois au XIXe siècle. Des générations de Danois ont été élevées avec le hygge qui leur réchauffe le cœur. Le hygge est tellement ancré dans la culture danoise qu'il s'agirait d'un acte inconscient, si la conscience du hygge n'était pas la clé de son épanouissement.

Lorsque vous commencerez à vous familiariser avec le hygge, vous l'associerez probablement à de longues chaussettes duveteuses portées sous votre pantalon de survêtement préféré, à une grande tasse chaude de cacao à la menthe poivrée pour vous et vos amis les plus proches, assis et riant au coin du feu, ou encore à un café éclairé aux chandelles en hiver, en compagnie d'un nouvel ami intéressant. Toutes ces choses sont certainement couvertes par le vaste concept de hygge.

Bien sûr, cette pratique revêt quelques nuances supplémentaires au Danemark. Par exemple, ayant grandi avec le hygge, les Danois l'associent également à la nostalgie. Un bol de porridge chaud est hygge pour un Danois quand il a six ans, et encore plus quand il a 26 ans grâce à la nostalgie ajoutée.

Bien qu'il soit pratiqué toute l'année au Danemark, le hygge est étroitement lié à l'hiver. Lorsque les températures extérieures descendent en dessous de zéro et qu'il devient pénible de rester dehors, les habitants des régions froides ont tendance à souffrir du blues de l'hiver. Cependant, les hivers rigoureux ne sont pas à la hauteur des Danois ; ils y font face chaque année, ensemble, transformant leur douleur partagée en plaisir.

En fait, le hygge est utilisé comme un mécanisme d'adaptation conscient pour aider les gens à traverser les périodes difficiles. Le bouclier communautaire auquel les Danois s'accrochent pendant leurs hivers peut être utilisé pour atténuer la douleur ou l'inconfort qui se présente à eux. Tout comme les Danois ne se laissent pas abattre par l'hiver, le choc de tous les défis de la vie peut être atténué par une communion d'amis solidaires réunis dans le hygge - ou par un hygge intérieur et réfléchi auquel on prend part seul.

Au Danemark, ce sont des maîtres du hygge. Il n'y a pas de période d'initiation avant qu'un Danois puisse commencer à apprendre le hygge - il l'a dans le sang depuis sa naissance. Le hygge les accompagne dans la rue et dans les ascenseurs, du petit-déjeuner au dîner. Tout ce qu'un Danois doit faire, c'est d'en convoquer l'idée dans son esprit - si l'humeur est bonne, le hygge s'épanouira.

Faut-il être un maître danois pour vivre dans le style hygge ? Eh bien, voyons si vous l'êtes déjà.

La prochaine fois que vous aurez du temps libre, repensez à ce que vous avez appris jusqu'ici sur le hygge. Imaginez qu'il s'agit d'une énergie tangible plutôt que d'une idée abstraite. Si vous imaginez que le hygge se matérialise dans l'espace qui vous entoure, c'est exactement ce qu'il fera. Bientôt, vous constaterez que votre sourire est plus ciselé sur vos joues que d'habitude et que vous appréciez votre compagnie avec un enthousiasme inhabituel.

C'est le hygge en un mot. Il est prêt à être invoqué quand et où vous voulez. Il suffit d'y penser et de se détendre...

Fondations

De par sa nature, le hygge n'exige pas grand-chose de ceux qui cherchent à l'introduire dans leur vie. Il s'agit d'une énergie intrinsèquement exempte de stress. Si l'on ajoute trop de règles au hygge, il ne ressemble plus à sa forme authentique.

Dans les pays scandinaves, où le hygge imprègne la culture comme une veine essentielle, il n'est pas nécessaire d'y appliquer beaucoup de théorie. Il apparaît simplement comme un air d'accompagnement de tout moment douillet.
Cependant, la pratique du hygge peut avoir besoin d'un soutien fondamental lorsqu'elle est exportée dans un autre pays. Pour que chacun puisse bénéficier du hygge, il est utile de savoir ce qui se passe lorsqu'il entre dans une pièce.

Je le répète, le hygge n'est pas une science exacte ; il s'agit d'un phénomène à ressentir plutôt qu'à étudier. Ne pensez pas trop au hygge - pensez-y juste assez pour l'inviter. Voici quelques idées pour aider le hygge à se manifester lorsque vous le cherchez.

Être présent dans le hygge

Imaginez-vous comme une mouche sur le mur dans un café danois intime. L'éclairage ambiant est merveilleux, la pièce est chaleureuse. Il y a du monde ici, mais il y a suffisamment d'espace pour se promener sans se sentir à l'étroit. La musique est apaisante. Les différents tons de voix dans la pièce sont doux, détendus.

Rapprochez-vous d'une table spécifique : un groupe de collègues de travail appréciant un café et des desserts après le travail. Tout le monde s'entend bien, la conversation est décontractée et polie. Personne ne parle à tort et à travers et tous semblent heureux d'écouter ce que disent les autres.
De plus - et bien que cela ne soit pas clairement lisible à en juger par leurs expressions faciales - on sent, sur le visage de chacun des collègues, qu'ils sont stoïquement heureux d'être présents dans le café, les uns à côté des autres, en train de profiter du hygge.

Pour aller encore plus loin, si vous étiez capable de lire dans l'esprit de ces collègues, vous verriez que, s'ils apprécient effectivement le cadre, les conversations et la compagnie, ils sont également conscients de vivre un moment hygge, et ils veillent à l'apprécier et à en profiter.

C'est ce détail subtil qui confère au hygge une partie de sa distinction. Vous pourriez trouver un scénario de café aux chandelles comme celui-ci presque partout dans le monde, mais ce ne serait pas tout à fait la même chose si les personnes assises autour de la table n'étaient pas conscientes du hygge.

Pour vivre une véritable expérience hygge, aussi proche que possible de ses origines danoises, il faut l'inviter dans la pièce de manière consciente, reconnaître son apparition et respecter sa présence avec une conscience sous-jacente.

Cela ne veut pas dire que les personnes assises ensemble dans un café doivent méditer en silence en pensant au hygge. Cela irait sûrement à l'encontre du but recherché. Au contraire, tout en appréciant le cadre et le temps passé avec les autres, laissez la conscience du hygge vous traverser sous la forme d'un profond sentiment de confort.

Lorsque nous nous trouvons dans le bon environnement, il est naturel que nous soyons envahis par un sentiment de détente et de confort. Cependant, si vous recherchez un hygge authentique, vous devez traiter son essence comme s'il s'agissait d'une énergie consciente, et l'honorer avec une partie de votre propre conscience à son tour.

Ralentir

Le hygge peut être plein de choses - ce qu'il ne peut pas être, en revanche, c'est la rapidité.

On peut dire que l'une des raisons pour lesquelles le hygge s'exporte si largement est qu'il s'agit d'un remède au stress causé par l'agitation de l'ultra-capitalisme.

Les personnes vivant dans le monde occidental aujourd'hui n'ont aucun problème à produire. Nous comprenons notre rôle en tant que partie d'une plus grande machine et nous y contribuons en conséquence. Fondamentalement, il ne s'agit pas d'un meilleur ou pire mode de vie . Cependant, il ne fait aucun doute qu'un tel système ne donne pas la priorité au hygge ou à quoi que ce soit qui y ressemble.

Les systèmes qui dirigent le monde occidental ont tendance à maintenir ses citoyens prisonniers de la production. Entre le travail et les obligations familiales, il semble qu'il y ait peu d'occasions de se détendre et de profiter du moment présent.

Les Danois, bien que fonctionnant selon les mêmes principes, présentent une différence essentielle : ils prennent du temps pour eux, et ils le font régulièrement.

D'une manière ou d'une autre, toutes les bonnes choses proviennent d'un équilibre. S'efforcer de réussir en passant tout son temps à travailler ne contribuera pas à un bonheur durable si ce stress n'est pas compensé par un hygge périodique.

L'un des principes fondamentaux du hygge est de ralentir et de profiter de la vie. Le monde ne s'arrêtera pas de tourner si vous prenez l'après-midi pour vous blottir contre votre partenaire et parler de ce que vous aimez le plus. Ou bien, vous pourriez même avoir envie d'inviter votre patron à déguster une tasse de cacao chaud dans un café à proximité.

Encore une fois, l'équilibre est essentiel : si vous êtes trop hygge, vous n'aurez plus de travail. Cependant, le fait de profiter de votre temps libre de temps à autre fera une grande différence dans votre vie. Vous vous sentirez bien et détendu, un nouveau sourire se dessinera sur votre visage, difficile à effacer, et vous aurez hâte de reprendre votre cycle de vie rapide avec un état d'esprit nouveau et rafraîchi.

Authenticité

L'authenticité est essentielle à une pratique sincère du hygge. Pour poursuivre le raisonnement ci-dessus, approfondissons les notions qui sous-tendent le hygge.

Comme nous l'avons mentionné, les Danois ne sont pas exempts des obligations qui accompagnent la vie dans le monde moderne. Cela ne fait que rendre leur haut niveau de bonheur encore plus fascinant. Alors que ces mêmes responsabilités peuvent lentement éroder la passion de ceux qui vivent dans d'autres pays, les Danois semblent glisser dans la vie comme s'ils marchaient sur des nuages.

Pourquoi ? Est-ce grâce aux programmes sociaux dont bénéficient les Danois ? Cela pourrait y être pour quelque chose. Est-ce que ce sont les fjords ondulants qui leur font briller des étoiles dans les yeux ? Ça ne peut pas faire de mal. Peut-être que c'est la nourriture scandinave, ce qui pourrait être le cas.

Ou bien, y a-t-il un moyen pour les Danois d'éviter d'être limités par les systèmes sociétaux dans lesquels ils vivent ? Si c'était le cas, ils profiteraient des avantages productifs et matériels du capitalisme tout en échappant au statut de "rouage de la machine".

De tous points de vue, il semblerait que les Danois y soient parvenus. Et, il est fort probable que le hygge y soit pour beaucoup.

Dans le sens hygge du terme, l'authenticité consiste à être soi-même dans la vie, et non à faire partie d'un mécanisme destiné à maintenir une structure. En pratiquant le hygge, nous comprenons que nous sommes des êtres entiers dont l'épanouissement dépend autant de la détente que du travail.

En d'autres termes, nous ne ramenons pas notre travail à la maison. Quand c'est le moment du hygge, nous prenons le temps de le faire et nous laissons l'expérience nous envahir. Cela fait partie d'une expérience hygge authentique.

Simplicité

Enfin, le dernier fondement du hygge est la simplicité. Celle-ci est évidente.

De quoi avez-vous besoin pour transformer un espace en un espace hygge, ou un moment en un moment hygge ? Faut-il investir dans de nouveaux rideaux aux tons terreux ? Peut-on vraiment avoir un moment hygge si l'on n'utilise que du beurre de cacao de première qualité dans son chocolat chaud ?

Non, pour vivre le hygge, vous n'avez pas besoin de grand-chose.

Bien sûr, il y a une certaine esthétique associée au hygge : des couvertures soigneusement roulées, une atmosphère ambiante, une délicieuse boisson chaude. Mais il ne faut pas oublier le premier fondement du hygge : être conscient et présent. Cette conscience suffit à elle seule à le mettre en avant.

Asseyez-vous avec un ami (ou seul) dans un endroit confortable. Accordez-vous quelques instants de détente. Puis, pensez à ce que vous avez appris jusqu'à présent sur le hygge. Voilà, il est juste là, avec vous. Et vous n'avez pas eu besoin de sortir des accessoires sophistiqués.

Le hygge, aussi complexe qu'il soit à traduire directement en anglais, est simple dans son application de par sa nature. Bien sûr, cela étant dit, allumer une ou deux bougies ne nuit en rien à vos chances de ressentir le hygge.

Avantages

Songez à quel point le hygge est répandu au Danemark, puis considérez ceci : Le rapport sur le bonheur dans le monde classe systématiquement le Danemark parmi les cinq pays les plus heureux du monde. Il a été le pays le plus heureux du monde en 2013-2015 et, en 2017, il s'est classé deuxième après la Norvège (un pays qui, soit dit en passant, est également très porté sur le hygge).

Bien sûr, le hygge n'est pas la seule raison pour laquelle les Danois sont si heureux. Tout d'abord, les pays scandinaves disposent de systèmes sociaux complets qui ont grandement amélioré leur qualité de vie. Il y a aussi l'air frais et vivifiant qu'ils respirent, et les magnifiques fjords qui les entourent.

Pourtant, ne sous-estimons pas le hygge. Ce n'est pas pour rien qu'il est appliqué avec un tel enthousiasme en dehors du Danemark : ses nombreux avantages sont immédiatement visibles et peuvent être intégrés au mode de vie d'une personne en un rien de temps. En voici quelques-uns :

Profiter de l'instant présent

Le meilleur moment du monde est le moment présent, toujours. En effet, c'est le seul moment au monde. Le passé et le futur existent certes, mais ne peuvent être vécus que dans le présent. Sinon, le passé n'est qu'un souvenir, et le futur une idée.

En fait, le passé et le futur ne sont rien d'autre que des pensées vécues dans le moment présent. Ils sont soit loin derrière, soit quelque part devant. Ils ne sont pas ici en ce moment.

Vous pouvez choisir de passer votre temps à imaginer ce à quoi ressemblera votre avenir, à projeter différents futurs en fonction des actions que vous aurez choisies. Nous devons effectuer cette gymnastique mentale afin de tracer la route à suivre. Toutefois, l'équilibre est essentiel : si nous passons trop de temps à optimiser des futurs hypothétiques, nous risquons d'oublier comment éteindre notre cerveau pour profiter de la beauté du moment présent.

De la même manière, nous nous enfermons souvent dans nos souvenirs. Les situations d'embarras passées ont tendance à ressurgir lorsque l'on s'y attend le moins, comme si elles étaient là pour nous empêcher de progresser. Un mauvais souvenir n'est réel que lorsqu'il se déroule dans le moment présent ; après cela, il ne peut vous affecter que dans la mesure où vous le permettez. Lorsque vous vous abandonnez à la jouissance de l'instant présent, vous entrevoyez le passé pour ce qu'il est vraiment : disparu.

Même lorsque nous sommes dans nos moments les plus tranquilles, il est facile de laisser le bourdonnement constant de notre esprit faire obstacle à notre plaisir. Cependant, lorsque le hygge entre en scène, le plaisir du moment présent est tout ce qui existe. En évoquant le hygge, vous vous rappelez ce qu'il est, et l'expérience fait disparaître le murmure constant du futur et du passé, vous laissant, vous et vos compagnons, seuls avec le présent.

Chérir le temps passé avec les autres

Lorsque nous ne sommes pas ancrés dans le présent, il nous est facile de passer inconsciemment à côté de tous les moments les plus mémorables de notre vie. Même si nous passons du temps avec nos amis tous les jours, nous ne sommes pas vraiment là si nous pensons à nos responsabilités.

Lorsque nous recherchons activement le hygge, nous l'invitons ouvertement dans nos rassemblements sociaux. Dans le cadre du hygge, nous considérons ces moments pour ce qu'ils sont vraiment : un plaisir social pur et relaxant.

L'aspect social de nos vies est une chose dont nous devons être reconnaissants. S'il existe des personnes de qualité avec lesquelles vous pouvez passer des heures sans but, c'est un grand privilège. L'un des plaisirs les plus simples de la vie est de se détendre avec des personnes que l'on aime. Nous sommes tous dans le même bateau - chacun d'entre nous a besoin de de faire des pauses.

Réduire le volume des obligations de la vie

Si vous avez un travail stressant et une vie de famille bien remplie, votre instinct naturel vous pousse à ne pas oublier vos obligations, même si il vous est impossible d'y contribuer. Il est dommage que, lorsque les gens débordés trouvent le temps de s'amuser, ils pensent généralement encore au travail.

Remplacez ces schémas de pensée par vos notions de hygge, et vous pourrez profiter d'une pause bien méritée. Il s'avère que le fait d'effacer nos devoirs de notre esprit de temps en temps ne fait qu'améliorer notre productivité. Sans certains éléments de hygge dans nos vies, nous sommes coincés entre responsabilités et plaisirs.

Lorsque le hygge entre en jeu, la distinction entre les deux devient claire.

Récapitulation des chapitres 1, 2 et 3.

- ✓ Hygge est un mot danois qui décrit grossièrement un état de confort et de bien-être.
- ✓ Sa pratique est polyvalente, bien qu'au Danemark elle soit étroitement liée au confort hivernal.
- ✓ Les fondements du hygge sont les suivants : être présent dans l'instant, ralentir et profiter de l'instant, être authentique avec soi-même et avec les autres et garder les choses simples.
- ✓ En pratiquant le hygge, on peut profiter pleinement de l'instant présent, apprécier le temps précieux passé avec les autres et prendre une pause bien méritée dans les obligations de la vie.

Trouver le moment idéal

Est-ce que vous commencez à saisir la signification de cet étrange terme danois ? Bien. Au fur et à mesure que vous vous familiariserez avec le concept de hygge, vous commencerez à trouver des moyens de l'appliquer plus librement dans votre vie quotidienne. À ce stade, vous pouvez garder à l'esprit un autre principe du hygge : le moment parfait.

Dans le hygge, le moment parfait résume une quête : celle du moment parfait, bien sûr.

Imaginons à nouveau que nous sommes au Danemark. Un groupe de cinq amis danois passe un après-midi à faire du lèche-vitrine dans des magasins de détail. Rappelez-vous, ces Danois sont nés et ont grandi dans leur pays, donc nés et élevés dans le hygge. Ils ont donc tous le hygge en tête à tout moment et, d'une certaine manière, ils cherchent le moment idéal pour en profiter.

Au bout d'un moment, le groupe d'amis tombe sur un bel ensemble de bancs au bord de la rivière. L'endroit est entièrement inoccupé. Des arbres robustes et luxuriants se penchent sur les bancs, et quelqu'un a accroché des lanternes à leurs branches. Le soleil vient juste de plonger au-dessus des fjords, appelant la nuit.

Dès que les Danois trouvent cet endroit secret, ils savent tous que c'est le moment idéal pour profiter du hygge. Sans hésiter, ils prennent place sur les bancs et laissent le hygge leur dicter leur prochaine heure.

Vous pouvez constater à quel point il est facile d'introduire la quête du moment hygge parfait dans votre vie. Il vous suffit de penser au hygge de temps en temps, et vous saurez quand vous tomberez sur l'environnement idéal pour en profiter.
On ne sait pas quels nouveaux endroits vous allez découvrir, ni avec quels nouveaux amis. Plus vous chercherez le moment idéal, plus vous serez près de le trouver.

N'oubliez pas, cependant, que dans le hygge, aucun moment n'est intrinsèquement meilleur qu'un autre. Et, bien sûr, rien n'est parfait. Ce qui est vraiment étonnant dans ces moments magiques, c'est la sensation de hygge qui règne dans l'air - le fait que vous preniez le temps d'être intime avec vous-même et avec les autres.

Hygge : s'entourer de bonnes énergies

Vous savez probablement déjà que le hygge est un puissant générateur de bonnes vibrations. C'est comme une couverture invisible que vous enroulez autour de vous et de vos proches ; quelle que soit la gravité ou la négativité du monde extérieur, le hygge le tient à distance jusqu'à la fin du moment spécial. Le moment venu, vous êtes libre de faire face aux problèmes et responsabilités extérieurs à votre guise. Toutefois, lorsque vous profitez du hygge, il est important de maintenir la bonne énergie qui vous entoure. Voici comment faire.

Ne pas briser l'ambiance

Lorsque le hygge prend possession d'une pièce, il n'est pas nécessaire de le faire disparaître avant que la fête ne s'éteigne. Le hygge est une ambiance créée en coopération par vous et vos compagnons. Bien qu'il s'agisse d'un effort commun, il suffit d'une seule personne pour que l'énergie s'échappe.

Lorsqu'un groupe de personnes apprécie le hygge et que l'un de ses membres agit de manière anti-hygge, on dit que cela "casse l'ambiance".

Tout le monde est coupable de faire cela à un moment ou à un autre. L'instinct naturel nous pousse à laisser le stress et les soucis prendre le dessus, ce qui peut entraîner un comportement défensif et négatif. Laisser transparaître tout cela au cours d'une soirée hygge légère cassera certainement l'ambiance.

Quand il y a de la magie hygge dans l'air, ne laissez pas vos problèmes prendre le dessus. Laissez-les passer à travers votre tête comme une brise. Ils auront disparu avant que vous ne puissiez compter jusqu'à 5, et vous serez de retour dans le moment présent, profitant du hygge.

Vous pouvez alors traiter votre réunion sociale comme un produit précieux que votre groupe construit à chaque instant. Considérez ce temps comme un projet précieux qui doit être protégé et amélioré si possible.

Préservez l'ambiance hygge en évitant tout comportement susceptible de la mettre à mal. Prenez les paroles de vos compagnons à la légère plutôt que de les prendre personnellement ; ne cherchez pas à les interroger à outrance ; veillez à ce que le volume de la musique soit calme et à ce qu'elle ne soit pas agressive ; ne vous attachez pas à introduire des questions personnelles dans la conversation.

Ce dernier point est le plus délicat. Bien sûr, dans un cercle d'amis proches ou de membres de la famille, il est normal et même naturel que quelqu'un évoque des problèmes qui lui posent problème. Comme le hygge englobe en partie le fait de "faire ce qui est naturel", il y a là une certaine contradiction : vous voulez vous exprimer naturellement, mais vous n'avez pas non plus l'intention de casser l'ambiance pour ceux qui vous entourent.

Il s'avère que le fait de régler ses problèmes lors d'une réunion hygge peut s'avérer très thérapeutique, à condition de conserver une bonne énergie tout en s'exprimant.

Au lieu de vous épancher comme vous le feriez habituellement - en revivant les émotions qui entourent votre problème lorsque vous en parlez à vos amis - vous pouvez adopter une autre approche dans le cadre du hygge. Essayez d'adapter votre ton de voix à celui de la conversation calme et apaisante de la soirée, et racontez votre histoire en souriant.

En effet, vous ajoutez une toute nouvelle perspective à votre problème, qui, il y a une minute seulement, semblait exclusivement sérieux.

Vous souriez de vos propres problèmes et en parlez dans un cadre qui vous plaît beaucoup. Vos amis vous offrent de précieux conseils pendant que vous sirotez un thé aromatique. À chaque instant, les soucis de votre vie semblent s'évaporer. Peu de temps après, un ami évoque son propre malaise de la même manière positive que vous l'avez fait - et c'est alors vous qui offrez votre point de vue.

De cette façon, le hygge est à la fois une activité récréative et utile. Si chacun est conscient de l'énergie positive qui imprègne le lieu de rencontre - et veille à l'entretenir - la soirée se terminera avec tout le monde détendu et prêt à reprendre les rênes de sa vie.

Activités à réaliser

À ce stade, vous pensez peut-être que l'expérience du hygge se limite à un café branché ou à un salon bien conçu. Si de telles situations sont indéniablement hygge, il est important de comprendre à quel point le hygge est polyvalent ; il s'applique essentiellement à toute activité discrète et agréable à laquelle on peut prendre part, seul ou avec des amis.

Tricotage

Traditionnellement, le tricot est aussi hygge que possible. D'innombrables générations de Danoises ont pris plaisir à tricoter ensemble sous le charme chaleureux du hygge. Le tricot fait partie de ces activités qui permettent de discuter autant - ou aussi peu - que les tricoteuses le souhaitent. Appelez une amie qui partage votre enthousiasme pour le tricot, réservez un après-midi et installez-vous sur le canapé pour profiter d'une ambiance hygge tout en fabriquant des chaussons pour vos proches.

Décoration

Comme le tricot, la décoration est une activité que vous pouvez pratiquer tranquillement avec un ami, sans trop vous soucier de remplir la pièce de conversations. S'il y a une pièce de votre maison qui a besoin d'être réaménagée, appelez un ami et amusez-vous. Partagez vos idées afin d'obtenir le design le plus hygge possible. Bien sûr, puisqu'ils vous aideront, n'oubliez pas de prendre le temps de déguster du thé chaud et des biscuits après votre décoration !

Artisanat

Tout le monde a un petit artiste enfoui quelque part en lui - y compris vous et vos amis. Alors, invitez-les à passer une journée amusante et nonchalante à s'adonner à l'artisanat. Tout le monde peut participer à la même activité, qu'il s'agisse de peinture, de sculpture en argile, de découpages en carton, ou, s'il y a des expérimentateurs parmi vous, chacun peut faire son propre truc.

Mettez de la musique inspirante (veillez à ce qu'elle reste discrète), préparez des collations et des rafraîchissements, et laissez le reste de la journée s'écouler. Prenez votre temps pour planifier votre activité ; veillez à ce qu'elle ait lieu lors d'une journée décontractée du week-end, lorsque tout le monde aura amplement le temps d'en profiter. L'expérience sera aussi artistique que hygge, et qui sait, peut-être l'un d'entre vous en sortira-t-il avec le prochain chef-d'œuvre de l'art moderne.

Cuisine

Archétypiquement hygge, la pâtisserie est le type d'activité qui semble être synonyme de chaleur et de convivialité. Si vous prévoyez une soirée hygge avec des amis, il n'y a aucune raison pour que vous ne puissiez pas vous adonner à une activité hygge préliminaire en cuisinant tranquillement et sans réfléchir. Vous apprécierez l'expérience, et vos amis pourront dévorer le fruit de vos efforts.

L'observation des étoiles

Qui a besoin de bougies quand notre univers est illuminé chaque nuit par la lumière des dieux ? L'éclairage ambiant est toujours lié au hygge, mais vous pouvez certainement en profiter en dehors d'une lueur orange.

Prévoyez une nuit claire - lorsque les prévisions annoncent un temps agréable - pour emmener quelques-uns de vos proches dans un espace ouvert. Préparez des en-cas, sortez les chaises de jardin et regardez le ciel. Tandis que vous et votre entourage fixez l'infini, sentez vos pensées en toile de fond s'évanouir. Investissez pleinement votre rôle en tant que membre d'une espèce curieuse, enracinée dans une planète qui se déplace dans l'espace. Au milieu de l'énormité de tout cela, le temps présent est la seule chose qui est juste là, avec vous, à chaque instant. Alors que vous et vos proches profitez pleinement de cet instant, pensez au hygge et à sa présence à vos côtés.

Gratitude et journal

La gratitude et la rédaction d'un journal font partie d'une catégorie à part - il s'agit davantage d'une pratique de vie que d'une activité. En effet, si l'on ne prend pas le temps d'exprimer sa gratitude dans la vie, on risque d'oublier toutes les belles choses pour lesquelles on peut être reconnaissant.

Prenez cinq minutes chaque matin ou chaque soir pour noter toutes les choses pour lesquelles vous êtes reconnaissant - qu'il s'agisse d'expériences exclusives à cette journée ou de sentiments que vous portez en permanence. Outre les expressions de gratitude, votre journal devrait détailler les expériences de la journée, qu'elles soient hygge ou non. Ainsi, vous effectuerez un travail efficace à long terme pour intégrer un hygge durable dans votre style de vie.

Par exemple, vous pouvez utiliser votre journal pour repenser au temps libre que vous avez passé avec vos amis. Si vous avez eu l'impression que ces expériences étaient pleines d'ambiance hygge, notez-le. À l'inverse, si vous pensez que la réunion aurait pu bénéficier d'une touche plus hygge, vous pouvez utiliser votre journal pour réfléchir à de potentielles idées pour apporter plus de hygge à l'avenir.

Il est intéressant de noter que le fait de documenter votre nouveau style de vie hygge vous offre un nouveau moment hygge à l'avenir, lorsque vous relirez vos anciennes notes de journal au coin du feu en dégustant un bon verre de vin rouge. Bien sûr, il est important de boire de manière responsable et de ne pas prendre le volant, que les prétentions soient hygge ou non.

Récapitulation des chapitres 4 et 5.

- ✓ Une partie du hygge consiste à trouver le cadre idéal. En outre, la pratique consciente du hygge implique de réaliser que chaque moment est intrinsèquement parfait et mérite toute votre attention.
- ✓ Respectez la bonne énergie du hygge en ne cassant pas l'ambiance pour les autres.
- ✓ Participez à des activités "hyggelit" comme le tricot, la décoration et la cuisine.
- ✓ Tenez un journal pour garder une trace de votre journée et exprimer votre gratitude envers la vie.

Héritage

Au fil de la lecture, vous avez peut-être noté un aspect central du hygge : il est aussi ancré dans le comportement humain que n'importe quelle autre activité. À travers les âges, sur des périodes de temps très diverses, les gens se sont adonnés au hygge.

Il y a des milliers et des milliers d'années, lorsque les humains ont découvert le feu pour la première fois, que pensez-vous qu'il soit arrivé ensuite ? Nous pensons qu'ils ont appelé leurs amis pour qu'ils assistent au miracle. Ensuite, il ne restait plus qu'à s'asseoir sur la terre à côté du feu, à sentir sa chaleur et la chaleur du confort social.

Avance rapide jusqu'à la Renaissance. Les divisions sociales sont beaucoup plus larges, mais il n'empêche que, qu'il s'agisse de la famille du duc ou d'une famille de paysans, tout le monde se réchauffe au coin du feu, écoutant les histoires des autres.

Aujourd'hui, dans le monde entier, à la lumière du feu ou de la lampe de sel de l'Himalaya, les gens vivent leurs propres moments de hygge avec leurs compagnons. C'est une tradition ancestrale à laquelle nous ne pouvons rien, elle fait partie de notre identité.

Pour ajouter à votre conscience du hygge au fur et à mesure de son déroulement, gardez à l'esprit les générations d'êtres humains qui vous ont précédé et qui ont vécu les mêmes moments de hygge que vous, mais dans des contextes différents. Appréciez l'héritage que vous avez reçu - et si vos amis vous demandent à quel sujet vous vous lancez dans le hygge, n'hésitez pas à partager cette pensée avec eux.

Hygge par mauvais temps

Au Danemark, les températures hivernales peuvent chuter à un degré presque alarmant. Il fait assez froid pour geler une personne jusqu'aux os, et cette possibilité suit chaque Danois chez lui. Alors que les conditions extérieures sont si peu idéales, comment se fait-il que le

Danemark reste parmi les pays les plus heureux du monde ? Serait-ce le hygge ? En effet, c'est une possibilité.

Vous pouvez théoriser que le hygge est une pratique si concrète au Danemark justement parce que les gens ont si froids et ont tant besoin de confort. Vous auriez surement raison.

Lorsque les habitants d'un pays mettent un tel accent sur le hygge, une chose extraordinaire se produit. Lorsque l'hiver commence à pointer le bout de son nez, les Danois ne se crispent pas et ne se recroquevillent pas de peur - ils ont tendance à l'accueillir à bras ouverts. Pourquoi ? Parce que l'hiver est inévitable, bien sûr, et que la chose la plus sage à faire est de l'accepter. C'est aussi parce que l'hiver signifie plus de hygge !
Au lieu de reculer devant l'arrivée de l'hiver, les Danois le célèbrent. Bien sûr, il fait froid et il est inconfortable d'être dehors, mais tout le monde ressent exactement la même chose. Alors, pourquoi ne pas profiter de la communion sous la dureté de l'hiver ? C'est la perspective danoise, et elle fonctionne chaque année.

Si vous vivez dans un climat froid, ne soyez pas si morose. Il fait peut-être froid en hiver, mais cette saison ouvre la possibilité d'un assortiment de précieux moments hygge.

Si vous aimez les activités de plein air, votre paysage hivernal peut instantanément devenir un terrain de jeu ouvert. Planifiez un week-end au chalet avec votre famille, et faites en sorte qu'ils se passionnent pour leurs sports d'hiver préférés. Bien sûr, n'oubliez pas les délicieux mochaccinos, les lattes chai au chocolat blanc et les cocos chauds que vous dégusterez tous au chalet.

Et n'oubliez pas que l'hiver n'est pas très gênant les jours sans vent. Lorsque la neige tombe drue et droite, vous avez l'occasion d'emmener vos proches faire une promenade pittoresque, en appréciant la saison pour sa beauté singulière, blanche comme le cristal.

Si vous accueillez l'hiver de manière hygge, vous serez trop occupé à en profiter pour remarquer que le printemps arrive.

Les relations

Fondamentalement, le hygge est un pont qui rapproche les gens. Lorsque nous nous mettons dans l'état d'esprit approprié pour apprécier la compagnie de l'autre, nous commençons à prêter attention à l'autre d'une manière nouvelle et passionnante.

Si vous n'avez jamais entendu parler du hygge, vous pourriez considérer que vos relations dans la vie sont suffisamment bonnes et qu'il n'est pas nécessaire d'y travailler davantage. Cependant, il n'est jamais inutile d'y jeter un œil.

Lorsque vous passez votre temps libre en compagnie d'autres personnes - que ce soit votre conjoint, vos enfants, vos parents, vos frères et sœurs ou vos amis - êtes-vous vraiment là avec eux ? Si la réponse honnête est oui, alors continuez comme vous l'avez fait.

Toutefois, si vous pensez que vos relations peuvent être améliorées, réfléchissez aux différentes façons dont le hygge peut vous aider à vous rapprocher des autres.

Conjoint

S'il est une relation qui offre une grande place au hygge, c'est bien la relation conjugale. Les liens romantiques regorgent inévitablement de moments privés entre vous et l'être aimé. En chérissant ces moments intimes, pensez au mot "hygge" et profitez de l'instant présent.

Enfants

L'une des raisons pour lesquelles le Danemark est un pays si heureux est que des générations et des générations d'enfants ont été élevées dans le hygge. Lorsque vous exportez le hygge dans votre pays, assurez-vous d'en faire profiter les enfants. Parlez-leur du hygge, puis préparez un cadre pour qu'ils puissent en faire l'expérience eux-mêmes. Les enfants peuvent mettre un certain temps à comprendre le concept (comme c'est le cas pour les adultes), mais ils l'assimileront en un rien de temps.

Parents et frères et sœurs

De même qu'il est possible d'enseigner le mode de vie hygge à vos enfants, il n'est jamais trop tard pour transmettre les mêmes notions à vos parents et à vos frères et sœurs. Lors des prochaines vacances, lorsque toute votre famille sera réunie, mentionnez le concept de hygge et ce que vous avez appris jusque là. Vous et votre famille pourrez profiter du hygge ensemble le soir même, et pendant toutes les vacances à venir.

Amis

Parlez du hygge à tous vos amis - il y a de fortes chances pour qu'ils ne l'oublient pas. Le hygge imprègne l'air dès que vous passez des moments agréables ensemble, alors pourquoi ne pas l'introduire par son nom ?

La prochaine fois que vous organiserez une réunion avec des amis proches, proposez un nouveau café que vous avez découvert et qui présente un grand potentiel pour le hygge. Installez-vous dans l'instant et appréciez la simple réunion de votre groupe.

Ensuite, faites-leur prendre conscience de la magie du terme scandinave. Dites-leur ce que vous avez appris sur le hygge, et voyez ce qu'ils en pensent. Le café dans lequel vous vous trouvez sera un excellent outil pratique pour vous aider à expliquer le concept. Ceux qui comprendront seront à vos côtés et apprécieront le hygge que vous avez contribué à introduire. Ceux qui n'y parviendront pas l'apprécieront quand même ; dans tous les cas, la soirée sera hygge.

Grands rassemblements Hygge

Si l'ambiance est bonne, le hygge s'infiltre naturellement dans toutes les réunions chaleureuses de la famille et des amis. Lorsque des groupes de personnes se réunissent après des mois sans se voir, il se dégage une magie indéniablement hygge.

Cela dit, pendant que vous étudiez les couches profondes du hygge, il n'y a aucune raison pour que vous ne puissiez pas maximiser l'ambiance lors de tous vos grands rassemblements, surtout si c'est vous qui les organisez.

Si vous recevez la famille pour Noël, une fête d'adieu, un anniversaire ou tout autre événement, vous pouvez maximiser la présence du hygge tout au long de l'événement. Préparez votre maison en pensant au hygge en diffusant une musique de fond relaxante et en renforçant l'ambiance à la lumière des bougies.

Vous aurez sûrement prévu un festin, mais cette fois-ci, pensez à faire en sorte que l'événement soit davantage axé sur l'interaction sociale. Organisez les choses de manière à ce que la nourriture soit un plaisir supplémentaire, quelque chose à faire entre deux conversations. Un buffet est un excellent moyen d'y parvenir ; vos invités peuvent manger à leur rythme et leurs conversations ne seront pas interrompues par les plats servis.

Il ne fait aucun doute que vous avez des recettes traditionnelles sur lesquelles vous comptez lorsque vous recevez des invités, et ces plats ont probablement autant de potentiel hygge que les autres. Cependant, dans l'esprit du hygge, il n'est jamais inutile d'essayer quelque chose de nouveau. Au chapitre 11, nous verrons quelques recettes scandinaves parfaites pour les rassemblements hygge.

Lorsque vous recevez vos proches, pourquoi ne pas faire monter l'ambiance d'un cran en racontant à tout le monde ce que vous avez appris sur le hygge ? Au moins, vous pourrez vous amuser à essayer de le prononcer correctement. En outre, il sera intéressant de faire remarquer que le concept que vous tentez de décrire est présent dans la pièce avec vous, et qu'il se développe au fur et à mesure que les autres y portent leur attention.

Tous les autres

Lorsque de nouvelles personnes apparaissent dans votre vie, considérez-les toutes du point de vue d'un véritable "hygge-iste". Même si vous ne connaissez pas bien un étranger, il n'y a aucune raison de ne pas supposer le meilleur de lui. Accueillez-le avec un sourire, et partagez avec lui et des amis communs de précieux moments hygge.

Notes sur l'ocytocine

Les neuroscientifiques qui lisent ces lignes auront fait le rapprochement : le hygge semble être un synonyme d'ocytocine, neurohormone déclenchée par les interactions sociales intimes et le contact humain. Ils auraient raison de faire ce rapprochement.

L'ocytocine est connue sous le nom d'"hormone du câlin" ou d'"hormone de l'amour". Comme vous l'avez peut-être compris, l'ocytocine coule à flot dans la culture danoise ; c'est pourquoi les Danois ont un sens si fort de la communauté et sont si ouverts à l'idée d'accueillir des étrangers comme l'un des leurs. Les Danois libèrent régulièrement de l'ocytocine grâce au hygge, ce qui réduit considérablement leur sentiment d'hostilité et de peur, le remplaçant par des sentiments d'appartenance et d'amitié.

L'ocytocine circule dans vos neurones lorsque quelqu'un vous serre dans ses bras, vous embrasse sincèrement sur la joue ou vous pose la main sur l'épaule. Vous la connaissez sous le nom de "papillon", cette sensation qui va de vos tripes à votre cœur. Grâce à la chimie de votre corps, vous vous sentez sensiblement plus heureux, plus calme et plus en sécurité.

Le monde en dehors du Danemark a probablement besoin de plus d'ocytocine, c'est pourquoi le hygge se répand si rapidement hors des frontières du pays.

L'ocytocine, nous en avons tous besoin. Si vous avez l'impression d'en manquer dans votre vie, vous trouverez votre dose dans le hygge.

Le hygge est partout

Le hygge n'est pas limité géographiquement ; ce n'est pas un endroit où vous devez voyager. Le hygge est quelque chose que l'on peut ressentir où que l'on soit : en allant à l'épicerie, en faisant du camping, à la maison avec son chien ou en commandant des décorations hygge sur Amazon. Si vous êtes vraiment à fond dans le hygge, vous pouvez même l'introduire sur votre lieu de travail.

Le hygge au travail

On pourrait penser que le hygge, étant axé sur les loisirs plutôt que sur les affaires, n'a pas sa place dans un bureau. Cependant, si vous adoptez une philosophie plus hygge, il n'y a aucune raison pour que vous ne puissiez pas apporter une partie de cette expérience avec vous au travail.

Personne ne vous suggère d'apporter des bougies au bureau - c'est un risque d'incendie. Vous ne devez pas non plus modifier l'aménagement du bureau, car votre employeur s'y opposerait probablement.

Plutôt que les aspects visuels du hygge, vous devriez plutôt chercher à incorporer la socialisation basée sur le hygge dans votre vie professionnelle. Ce n'est pas parce que vous travaillez sérieusement avec vos collègues que vous ne pouvez pas profiter de la compagnie des autres au bureau.

Le hygge est, en partie, une vision positive de la vie - et celle-ci a tendance à être assez contagieuse. Apportez cette attitude au travail, laissez-la se manifester clairement et voyez si votre relation avec vos collègues ne prend pas un virage nettement positif.

Cherchez à être un agent optimiste et motivant au travail. Au cours de la conversation, évoquez les objectifs professionnels que vous pourriez partager avec vos collègues. Tout comme vous êtes enthousiasmé par les opportunités que vous offre votre travail, voyez si vos collègues ressentent la même chose.

Essentiellement, être hygge sur le lieu de travail signifie être aussi gentil, positif et chaleureux que possible avec ceux qui vous entourent. Cela ne fait pas de mal - au contraire, vous constaterez que vos collègues se rapprocheront davantage de vous, quand ils commenceront à ressentir les bienfaits du hygge sans même le savoir.

Une bonne façon de commencer est de montrer de l'appréciation à vos collègues de travail. Pour bien faire les choses, il faut *ressentir* cette appréciation pour eux, et réaliser ce qu'elle représente.

Le lieu de travail est un organisme à part entière, dont le maintien est rendu possible par les efforts combinés de vous et de vos collègues. Lorsqu'il fonctionne bien, vous avez la possibilité de contribuer au monde qui vous entoure tout en subvenant à vos besoins et à ceux de votre famille.

Soyez attentif à la structure que vous soutenez et réalisez qu'elle ne fonctionne que grâce à la coopération entre vous et les personnes avec lesquelles vous travaillez. Lorsqu'ils vous facilitent la tâche, vous pouvez leur rendre la pareille en leur adressant un simple "merci" de temps à autre.

Un peu de gratitude est un excellent moyen de faire démarrer le hygge. Ensuite, vous pouvez vous concentrer sur d'autres moyens de transformer votre lieu de travail en un espace social sain. Vous pouvez éventuellement proposer des activités extra-professionnelles, des fêtes du personnel régulières - peut-être même une tombola annuelle. Avant ça, influencez vos collègues en donnant l'exemple ; pensez au hygge lors de vos interactions, et ils ne tarderont pas à faire de même.

Le foyer est l'endroit où se trouve le cœur, il n'y a donc aucune raison pour qu'elle ne soit pas l'endroit où se trouve le hygge. En ayant le contrôle total de la décoration de votre foyer, vous avez la liberté de la transformer en un espace hygge digne de n'importe quel magazine de design scandinave.

Le hygge se trouve dans le décor d'une maison. Il ne s'agit pas seulement des éléments individuels qui composent l'ameublement ou la décoration, mais de la façon dont ces aspects du design se combinent pour créer un environnement réconfortant.

Un sentiment de hygge dans une maison réside autant dans les choix de design que dans les espaces vides qui imprègnent les pièces de votre maison. Gardez à l'esprit que, pour que vous et vos invités fassiez l'expérience du hygge domestique, ils ont besoin d'espace pour respirer et se promener.

Le hygge réside dans les sens : l'introduction d'une musique apaisante et de parfums attrayants peut instiller un confort inconscient chez les invités. Il suffit de les installer dans un canapé moelleux près de la cheminée, de déposer quelques boissons chaudes sur la table basse et de laisser le hygge s'emparer de la pièce.

Après le départ de vos invités, vous pouvez permettre au hygge de vous suivre dans le sommeil en transformant votre chambre en un espace hygge. Romancez l'endroit avec de la botanique élégante, des rideaux ondulés et beaucoup trop d'oreillers en peluche.

Suivez-nous dans le prochain chapitre pour plus de détails sur la transformation de votre maison en un environnement hygge personnalisé.

Récapitulation des chapitres 7, 8 et 9.

- ✓ Le hygge a été expérimenté depuis l'aube de la race humaine, à travers les générations d'humanité jusqu'à nos jours.
- ✓ Le hygge est adopté avec vigueur au Danemark pendant l'hiver, en tant que mécanisme d'adaptation communautaire, contre les conditions climatiques intenses.
- ✓ Le hygge peut profiter à toutes les relations de votre vie, qu'elles soient conjugales ou occasionnelles.
- ✓ Tout le monde dans votre vie peut bénéficier du hygge.
- ✓ Pendant les moments de hygge, l'ocytocine est déclenchée dans notre cerveau, ce qui entraîne un sentiment d'amitié et d'amour.
- ✓ La création d'un espace domestique hygge est essentielle à la vie hygge.
- ✓ Le hygge peut être transposé dans la vie professionnelle - en respectant les limites.

Introduire le hygge dans votre foyer

C'est ici que nous arrivons au cœur du hygge : votre foyer. En ce qui concerne le hygge en tant qu'exportation scandinave, son application la plus populaire est la décoration intérieure.

Votre foyer est une petite extension de vous-même - même si vous n'êtes pas un grand amateur de design. Cela ne veut pas dire que vous devez tout mettre de côté pour injecter votre essence dans votre réaménagement, mais c'est une chose à garder à l'esprit lorsque vous entretenez un foyer. Une maison éparpillée et désordonnée reflète la désorganisation de son propriétaire, alors que le contraire constitue une porte ouverte à des invités heureux. En mettant de l'ordre dans votre maison, vous éliminerez en même temps votre propre désordre intérieur et vous vous mettrez dans l'état d'esprit approprié pour affronter le monde.

Lorsque vous introduisez le hygge dans votre vie, il est important d'avoir une maison adaptée où se réfugier. En effet, c'est tout à fait naturel. Vous voulez que le sentiment de bien-être soit accessible où que vous soyez, quand vous le voulez.

À ce stade, vous avez déjà une image de votre maison hygge parfaite. Il est probable que vous ayez même un pied dehors, prêt à rayer votre liste d'achats de décorations hygge. Il est important que vous adoptiez une approche personnelle pour "hygge-ifier" votre foyer - utilisez cette liste comme votre plan personnel pour décorer votre lieu de vie en tenant compte de notre concept danois préféré.

Confort

Commençons par le commencement : plus que les objets ou les placements individuels qui composent le design d'une maison, la clé de la création d'un environnement domestique hygge est d'assurer un sentiment sous-jacent de confort irrésistible.

C'est vous qui décidez de la manière dont vous allez vous y prendre, et c'est là que le plaisir entre en jeu. Les sections suivantes vous donneront quelques éléments hygge éprouvés pour vous aider à commencer. Vous finirez par trouver votre propre façon de transformer votre maison en un espace hygge.

Détails

Cette règle s'applique à tous les styles d'aménagement de la maison, y compris le style scandinave.

Tout designer digne de ce nom sait que l'examen approfondi d'une pièce n'est qu'une question de temps. Lorsque les designers (qu'ils soient bricoleurs ou contractuels) ne prennent pas en considération les détails d'une pièce, c'est parce qu'ils n'ont pas le cœur au projet ou qu'ils se sentent obligés de le faire à la hâte.

Un projet de réaménagement basé sur le hygge doit, de par la nature même du hygge, être une expérience agréable et sans stress. Vous devez non seulement prendre le temps de réfléchir à la manière dont chaque détail de votre espace peut être optimisé, mais aussi vous amuser.

Les détails hygge dans votre maison vont du choix des éléments de la décoration d'une pièce (cadres, bougies, pots de fleurs, table basse, etc.) à la configuration de la pièce elle-même.

Dans certains cas, le changement nécessaire est évident ; il peut se résumer à une simple amélioration du tapis ou à une reconfiguration des cadres de la cheminée.

Lorsqu'il est plus difficile de mettre le doigt sur le détail exact qui nécessite une attention particulière, déplacez votre perspective vers la pièce dans son ensemble. Pensez à la façon dont elle serait reçue par un invité qui y entrerait pour la première fois. Si vous ressentez un sentiment d'obstruction , examinez les possibilités de réorganiser le mobilier.

Par exemple, si votre installation de sièges et de télévision a fait de votre salon une barricade, essayez de modifier l'emplacement de ces éléments pour que l'espace soit ouvert. Votre configuration actuelle peut sembler être la seule pratique, mais c'est probablement parce que vous y êtes habitué. Prenez vos mesures, faites un brainstorming sur papier avec les dispositions possibles, et vous serez surpris par le nombre d'options dont vous disposez.

Faites entrer votre propre expérience dans vos pièces

Lorsqu'une maison - même bien conçue et moderne - manque d'une atmosphère ou d'une personnalité tangible, c'est généralement parce que l'endroit est sous vide. Certains designers, lorsqu'ils aménagent une maison, sont trop concentrés sur la nécessité d'éviter les erreurs pour envisager d'inclure des symboles des expériences imparfaites qui font de nous ce que nous sommes.

Heureusement, le hygge n'exige pas la perfection de ceux qui cherchent à en faire l'expérience. N'hésitez pas à inclure des objets de conversation dans votre maison, comme vos œuvres d'art préférées, des photographies de famille et des collections de vos voyages. Il ne fait aucun doute que ces inclusions réduiraient le minimalisme de votre intérieur, mais cela pourrait être une bonne chose.

Créer un environnement non sérieux

Considérez ceci : même si c'est intangible, chaque environnement dans lequel nous entrons a une certaine ambiance ou vibration qui est contagieuse pour ceux qui y passent du temps.

C'est à vous de décider de la manière dont vous allez éliminer le sérieux de votre espace, mais gardez à l'esprit que la création d'un environnement non sérieux est importante pour rendre votre espace de vie plus "hyggeligt".

Essayez d'entrer dans les différentes pièces de votre maison comme si vous les visitiez pour la première fois. Restez aussi présent dans l'instant que possible et essayez de vous faire une idée de l'ambiance véhiculée par la pièce. Si vous pensez que le design pourrait être allégé, essayez d'ajouter, de retirer ou de reconfigurer certains éléments de la pièce.

Si le décor pose problème, il peut s'agir d'une simple configuration de canapé à changer. Ou bien, le motif vif de votre tapis détourne l'attention des étagères flottantes éclairées par des bougies et des plantes en pot fleuries.

Prenez votre temps et n'hésitez pas à ajouter d'autres éléments au décor si vous sentez qu'il manque quelque chose. Ou, si un élément perturbe le design de votre pièce, vous pouvez l'enlever pour laisser plus de place au hygge.

Plantes

En parlant de plantes, elles sont presque indispensables à une maison qui cherche à enrichir sa saveur hygge.

Votre maison peut être hygge sans plantes, mais si vous n'incluez pas un peu de botanique dans votre design, vous manquerez le sentiment de dynamisme que les plantes insufflent.

Les plantes sont vivantes - elles fonctionnent à un rythme plus lent que le nôtre, mais regardez n'importe quelle plante pousser sur un laps de temps accéléré et vous la verrez s'élever vers la lumière, tout comme nous.

Les plantes, d'une manière miraculeuse ou autre, peuvent nous entendre. Arrosez une plante sans lui accorder d'attention supplémentaire, et elle fleurira avec le temps, c'est certain. Cependant, traitez une autre plante de la même façon, en dialoguant brièvement avec elle chaque jour, et vous la verrez pousser plus vite et avec beaucoup plus de vitalité que la plante qui n'était pas aussi attentive.

Avoir des plantes autour de la maison ne fait qu'ajouter de la présence à vos réunions sociales. Ou, si vous cherchez simplement à passer un moment hygge en lisant un livre, vous aurez la possibilité de lire à haute voix - au moins, vos plantes apprécieront l'histoire.

D'un point de vue plus simple - si vous n'êtes pas intéressé par tout ce qui concerne les organismes vivants - les plantes sont tout simplement superbes. La diversité des plantes que vous pouvez exposer chez vous ne manque pas d'options pour optimiser votre décoration intérieure.

Couleur

Comme pour tous les styles d'aménagement de la maison, la couleur est essentielle à un bon hygge domestique. Si vous respectez tous les principes de base du hygge décrits dans cette liste, mais que vous ne respectez pas les principes fondamentaux de l'association des couleurs, votre maison perdra un potentiel hygge.

Cela dit, il n'est pas nécessaire d'aller jusqu'au bout pour faire une impression dynamique avec votre choix de couleurs. Après tout, lorsqu'une maison est bien conçue dans l'esprit du hygge, aucun élément de design ne se démarque des autres ; les objets, la configuration et les couleurs de la pièce se fondent parfaitement les uns dans les autres.

Pour choisir les bonnes couleurs, examinez les éléments de design avec lesquels vous travaillez déjà. Déterminez dans quelle mesure vous allez respecter l'ambiance de la pièce ou vous en écarter. Ensuite, prenez votre temps pour projeter l'aspect final de vos choix de couleurs.

Il est intéressant de noter que la couleur influence nos sentiments de manière subtile :

De toute évidence, la couleur vous donne beaucoup de latitude pour produire une énergie idéale dans votre foyer. N'oubliez pas que, dans la plupart des cas, le hygge privilégie les tons de terre. Gardez à l'esprit les couleurs sûres, mais n'ayez pas peur de les accentuer avec des bleus, des roses ou des verts aériens.

BLACK
Sophistication
Power
Mystery
Formality
Evil
Death

GRAY
Stability
Security
Strenght of character
Authority
Maturity

PURPLE
Royalty
Luxury
Dignity
Wisdom
Spirituality
Passion
Vision
Magic

YELLOW
Joy
Cheerfulness
Friendliness
Intellect
Energy
Warmth
Caution
Cowardice

WHITE
Freshness
Hope
Goodness
Light
Purity
Cleanliness
Simplicity
Coolness

PINK
Romance
Compassion
Faithfulness
Beauty
Love
Friendship
Sensitivity

RED
Danger
Passion
Daring
Romance
Style
Excitement
Urgency
Energetic

BLUE
Peace
Stability
Calmness
Confidence
Tranquility
Sincerity
Affecction
Integrity

GREEN
Life
Growth
Environment
Healing
Money
Safety
Relaxation
Freshness

Lumière

Pour créer une atmosphère hygge authentique, vous aurez besoin d'un éclairage approprié.

Créez une ambiance douce et accueillante grâce à un éclairage accentué ou un mélangede lumières d'ambiance. Bien sûr, si vous êtes vraiment dévoué au hygge, vous sortirez vos bougies les plus élégantes lorsque vous recevrez des invités.

Pour l'éclairage de jour, profitez de l'éclat naturel du soleil en choisissant des rideaux texturés qui le reflèteront magnifiquement. Si vous êtes doué pour le design, vous tiendrez compte de la lumière du jour filtrée par vos rideaux comme un complément de couleur clé pour compléter la configuration d'une pièce.

Les designers affirment que 50% de l'impression que donne une décoration intérieure provient du type d'éclairage utilisé. Pour conférer plus d'authenticité à votre ambiance hygge, prenez en compte comment la température de la lumière (Kelvin) affecte nos sentiments :

Température de couleur (KELVIN)	2000K - 3000K	3100K - 4500K	4600K - 6500K
Apparence	Blanc chaud	Blanc froid	Lumière du jour
Ambiance	Douillet, calme, accueillant, intime	Brillant, vibrant	Vif, revigorant
Le meilleur pour	Salons, cuisines, chambres à coucher, salles de bains, éclairage d'ambiance de restaurants/commerces, éclairage extérieur décoratif.	Sous-sols, garages, environnements de travail, éclairage d'appoint, salles de bains.	Espaces d'exposition, éclairage de sécurité, garages, éclairage d'appoint.

Et n'oubliez pas que pour éclairer une pièce, il vaut mieux être généreux avec les sources d'éclairage que restrictif. Si l'ambiance est un peu sombre à votre goût, accentuez la zone avec des lampes originales et pittoresques.

Meubles

Voici une question quiz pour voir si vous êtes attentif : quelle est, selon vous, la caractéristique la plus importante des meubles hygge ?

Si vous avez répondu "confort", merci de votre attention - c'est exactement ça !

Lorsque vos invités s'assoient sur votre canapé, les coussins doivent les bercer dans une étreinte chaleureuse. Lorsqu'ils dînent à votre table, les chaises doivent être si confortables qu'ils sont prêts à s'y asseoir toute la nuit. Même le sol sur lequel ils marchent doit leur donner un sentiment de confort et d'intimité.

Puisque l'objectif du hygge est de mettre l'accent sur les loisirs, votre ameublement doit suivre cette tendance. Si vous pensez qu'une pièce principale de votre maison manque d'éléments réconfortants, cette zone devra être retravaillée avant de pouvoir être considérée comme hygge.

N'oubliez pas que le confort dans un foyer hygge va au-delà d'une sensation physique - il s'agit également d'une impression visuelle. Lorsqu'ils entrent dans votre salon "hyggeligt", vos invités doivent avoir une idée du confort qu'ils sont sur le point d'éprouver en s'enfonçant dans votre canapé moëlleux.

En matière de design, n'oubliez jamais que le moins est le mieux. Il s'agit d'un slogan très important lorsque vous aménagez votre maison dans un esprit hygge. Plus il y a d'éléments divers dans votre maison, plus il y a de désordre dans lequel vous et vos invités devez vous frayer un chemin. En éliminant tout ce qui n'est pas nécessaire, il n'y aura pas d'obstacles statiques à votre confort. Si vous incluez un objet dans votre design, il doit être choisi en fonction de son utilité et non de son esthétique.

Parfums

Avec un peu de chance, vous commencez à avoir une vue d'ensemble
: rendre une maison "hyggeligt" est un effort qui prend en compte tous
les sens. Bien entendu, cela inclut également l'odorat.

Faire en sorte qu'une maison sente bon ne demande que peu d'efforts
et s'accompagne d'une récompense considérable. Dès que les invités
pénètrent dans une maison parfumée, ils ont tendance à se sentir bien
avant de savoir exactement pourquoi.

Les sachets de lavande sont merveilleusement et traditionnellement
hygge. C'est un parfum que l'on retrouve dans de nombreux foyers
scandinaves et qui complète bien l'atmosphère hygge. Ils sont aussi
généralement présentés dans d'adorables emballages qui ont fière
allure lorsqu'ils sont posés contre d'autres éléments "hyggeligt",
comme une lampe élégante ou une bougie dans un pot Mason.

Vous pouvez expérimenter avec des bougies parfumées, de l'encens
ou des désodorisants automatiques. Quelle que soit la méthode que
vous choisissez, assurez-vous que vos invités aient le sentiment de
pénétrer dans une maison accueillante en leur offrant un lieu parfumé
où passer du temps.

Cheminée

Lorsque l'on imagine le hygge, il est difficile de ne pas imaginer un
feu de cheminée rugissant quelque part dans le décor. Cela renvoie à
nos liens ancestraux avec le hygge : des êtres humains profitant de la
compagnie des autres, éclairés par l'élément le plus chaleureux de la
nature.

Si votre maison est déjà équipée d'une cheminée, tant mieux. Vous
pouvez commencer à vous concentrer sur l'embellissement du
manteau de cheminée - peut-être avec quelques photos de famille ou
des ornements décoratifs. Ensuite, regardez au-delà de la cheminée,
dans les éléments de la pièce qui l'entoure. Si votre objectif est de

rendre votre maison aussi "hyggeligt" que possible, le mobilier de votre salon doit être centré autour de la cheminée.

Si vous n'avez pas de cheminée, ne vous inquiétez pas : il existe de nombreuses options pour ajouter un élément flamboyant à votre maison hygge.

Pensez à une cheminée électrique portable qui simule une vraie cheminée tout en apportant de la chaleur à la pièce. En fonction de votre budget, vous pouvez ajouter une pièce maîtresse à votre salon que les invités apprécieront vraiment.

Ou bien, tournez-vous vers l'extérieur. Y a-t-il une possibilité d'installer un foyer dans votre jardin ? Les foyers sont de plus en plus populaires et le potentiel de design qu'ils offrent à votre jardin ne peut être sous-estimé. De plus, les foyers sont abordables et faciles à installer.

Une fois le feu allumé, vous pouvez le régler comme une activité de fond pour vos nuits passées seul à vous détendre et à lire. Bien sûr, les feux sont toujours plus agréables à apprécier autour d'un verre, en compagnie d'une personne chère.

Le jardin

Lorsque vous créez un foyer hygge, vous ne vous limitez pas à l'intérieur des murs de votre maison. Revisitons le jardin.

Au Danemark, le hygge peut se déployer dans n'importe quel espace, qu'il soit intérieur ou extérieur. Tant que l'ambiance est bonne, que le cadre le permet et que les gens le souhaitent, le hygge apparaît. Si vous avez l'impression que votre jardin actuel est un espace fade pour recevoir des invités, vous pouvez inverser la tendance assez rapidement.

Considérez votre jardin dans son ensemble et les éléments avec lesquels vous devez travailler. Voyez où il y a de la place pour jouer et réfléchissez à la façon dont vous pouvez rendre l'espace plus accueillant.

Une bonne façon de le faire, assez bon marché et facile, est d'installer des lanternes extérieures suspendues le long de votre jardin. En fonction de la météo de votre région et de la configuration d'éclairage que vous recherchez, vous devrez peut-être faire appel à un électricien pour garantir une installation sûre.

Vous pouvez choisir vos lanternes préférées et planifier la façon dont les lumières seront suspendues dans le jardin. Cela suffit à faire des merveilles pour rendre un jardin "hyggelite".

Néanmoins, il est toujours possible d'améliorer les choses. Une fois que vous vous êtes occupé de l'éclairage, tournez-vous vers les meubles de votre jardin - s'il y en a.

Si le temps le permet, il est toujours agréable d'inviter des amis à passer une soirée décontractée dans le jardin en buvant un verre et en bavardant. Une simple installation de salon (par exemple, une causeuse avec deux chaises simples confortables et une table basse) est plus que suffisante pour faire l'affaire.

Si vous cherchez à maximiser la qualité, vous pouvez aller jusqu'au bout en érigeant un gazebo autour de votre installation de salon dans le jardin. Ou, si vous avez un foyer, placez les meubles autour de celui-ci.

Enfin, ayez la main verte ! Si vous cherchez à faire de votre jardin un espace hygge, un jardin ne peut que contribuer à égayer l'atmosphère. Prenez votre temps pour réfléchir à la manière de configurer votre jardin autour de votre cour, puis amusez-vous à choisir vos plantes. En plus de contribuer à un environnement ambiant, cet élément de design produit également des ingrédients pour vos recettes hygge (nous y reviendrons plus tard).

Votre salle de bains

La salle de bains étant l'une des pièces maîtresses d'une maison, il est important qu'elle fasse honneur à l'impression hygge donnée par le reste de votre décoration.

Considérez l'aménagement de votre salle de bains comme une occasion de surprendre tout invité qui s'y trouve. Dès qu'ils allument les lumières à l'intérieur de la salle de bains, votre objectif devrait être qu'ils laissent échapper un souffle audible.

Pour ce faire, appliquez à votre salle de bains tous les principes de conception décrits ci-dessus. Veillez à ce que l'éclairage soit chaleureux, éliminez tout ce qui vous encombre, parfumez la salle de bains d'une fragrance attirante et insufflez un sentiment de confort dans son design.

La musique est toujours un bon allié

Il est important de tenir compte du son lors de la confection de votre maison hygge. La musique est l'allié invisible qui peut faire passer le sentiment de bien-être de votre maison à un niveau supérieur.

Pour le plaisir et les loisirs, investissez dans un système audio décent pour votre maison, que ce soit par le biais d'un son surround installé dans plusieurs pièces ou d'un système d'enceintes de qualité dans le salon. Google Home et Alexa sont des alternatives prometteuses ; vous pouvez installer plusieurs unités dans toute la maison, ce qui permet un contrôle vocal total de votre musique depuis n'importe quelle pièce.

Bien sûr, si le hygge est votre objectif ultime, la bonne playlist est essentielle.

Si le hygge était son propre genre de musique, ce serait le genre de son qui reste soigneusement en arrière-plan d'une conversation, sans demander trop d'attention. Les listes de lecture hygge peuvent inclure du smooth jazz, de la musique classique, des instruments lofi ou des acapellas éthérées.

Si vous cherchez à ressentir le hygge au plus près de ses origines danoises, c'est l'occasion de découvrir la musique scandinave, et de montrer vos trouvailles étrangères à vos invités.

La chambre à coucher

Enfin, vous devez garder à l'esprit que le hygge domestique est davantage destiné à vous-même et à votre famille qu'à votre entourage. Après tout, lorsque vos invités partiront, vous serez toujours chez vous !

Prenez donc le temps de créer votre propre espace hygge pour vous reposer. La chambre à coucher peut devenir la pièce la plus naturellement hygge de votre maison si vous le permettez.

Recouvrez votre lit d'une douzaine de coussins ; remplacez les stores par de grands rideaux flottants ; réorganisez la pièce de manière à ce que les meubles de la chambre s'ouvrent à vous dès que vous y entrez. N'hésitez pas à rendre l'espace romantique avec des roses et des bougies. Après tout, aucune fête n'est plus propice au hygge que celle de deux amoureux qui en profitent seuls.

Recettes Hygge

Comme vous l'avez probablement déjà compris, n'importe quel plat réconfortant fera l'affaire pour un repas hygge. Vous êtes libre de servir les plats traditionnels de la famille ou de préparer ce qui traîne dans le placard. En fin de compte, la nourriture n'est peut-être même pas nécessaire : un verre de vin ou un bon cafélatte, au coin du feu, sera parfait pour le hygge.

Cependant, nous avons l'impression que vous aimeriez ajouter quelques éléments scandinaves supplémentaires à votre projet hygge. C'est tout à fait naturel, et de toute façon, la nourriture scandinave est géniale.

Pour vous donner quelques idées pour votre prochain événement hygge, considérez ces délicieuses gourmandises scandinaves, des boissons aux repas en passant par les desserts.

C'est sur le point de devenir délicieux par ici.

Boissons

<u>Café</u>

N'importe quelle tasse de café fera l'affaire pour un moment de détente hygge. Toutefois, si vous souhaitez apprécier le café comme le font les Danois, voici une variante intéressante de la tasse de café classique.

Ingrédients :

- Crème fouettée
- Sucre blanc
- ½ once de liqueur à la cerise
- 1 once de brandy ou de cognac
- Café
- 1 quartier de citron

Instructions :

- Appliquez le quartier de citron sur le bord de votre tasse à café, puis ajoutez une couche de sucre pendant que le bord est humide.
- Versez ensuite la liqueur de cerise et le cognac.
- Complétez avec du café chaud, en laissant environ 2 centimètres disponible pour l'ajout de la crème fouettée.
- Servez-vous et profitez !

Thé au beurre au sel de l'Himalaya

On peut considérer que c'est la version thé du bulletproof coffee. Pour ceux qui cherchent à se préparer au froid de l'hiver avec un peu de hygge, cette boisson est l'accompagnement parfait.

Ingrédients :

- 1 cuillère à soupe de beurre
- ½ cuillère à café de sel de l'Himalaya
- 1 noisette de Pu-erh Tuocha
- 1/3 de tasse de crème 11,5% M.G.
- 2 tasses d'eau

Objets nécessaires : un mixeur, une petite casserole, une passoire et un torchon.

Instructions :

- Mélanger l'eau et le pu-erh et porter à ébullition. Puis, après avoir baissé le feu, continuez à laisser mijoter pendant environ 7 à 10 minutes.
- Passez d'abord les ingrédients ci-dessus dans le mixeur avec le beurre, le sel et la crème.
- En utilisant le blender à vitesse moyenne, mixez le mélange jusqu'à ce qu'il soit mousseux et intense, en veillant à couvrir le couvercle du blender avec un torchon.
- À servir dans votre tasse préférée !

Cidre de pommes épicé à la camomille

Pour tous les amateurs de hygge en herbe qui ne boivent pas de caféine, ce mélange hivernal est fait pour vous. La camomille est toujours idéale pour se détendre après une longue journée, et la combinaison avec le cidre de pomme ne fait que renforcer sa saveur.

Ingrédients :

- 2 sachets de thé à la camomille bio
- 1 bâton de cannelle
- 8 clous de girofle entiers
- 1 tasse d'eau
- 2 tasses de jus de pomme bio non sucré
- Tranches de pommes (garniture)

Instructions :

- La première étape consiste à porter à ébullition l'eau, le jus, le bâton de cannelle et les clous de girofle.
- Après avoir atteint l'ébullition, retirez du feu et ajoutez le thé à la camomille au mélange.
- Continuez à faire infuser le thé entre 3 et 5 minutes, retirez les sachets lorsque le temps est écoulé et pressez l'excès d'eau.
- Retirez le bâton de cannelle et les clous de girofle en les filtrant et répartissez le liquide restant dans 2 tasses.
- Vous pouvez garnir de tranches de pomme et vous régaler !

<u>Gratin de céleris-raves, carottes et pommes de terre</u>

Ce plat réconfortant est simple à préparer et déborde de saveur à chaque bouchée. Le moelleux des légumes est joliment équilibré par le gruyère gratiné.

Personnes : 8. Temps : 1,5 heures.

Ingrédients :

- ➢ 2 cuillères à soupe de feuilles de thym
- ➢ Sel Kasher et poivre noir fraîchement moulu
- ➢ 4 feuilles fraîches de laurier
- ➢ 8 cuillères à soupe de beurre non salé
- ➢ 8 gousses d'ail épluchées et écrasées
- ➢ 1 petit céléri-rave, épluché et coupé en cube de 0,5 cm d'épaisseur
- ➢ 140g de Gruyère
- ➢ 2 tasses de chapelure
- ➢ 4 grosses carottes, épluchées et coupées en rondelles de 0,5 cm
- ➢ 4 grosses pommes de terre russet, pelées et coupées en tranches de 0,5 cm d'épaisseur dans le sens de la longueur
- ➢
- ➢ 2 tasses de crème épaisse

Instructions :

- Préchauffez le four à 350°.
- Commencez à faire chauffer la crème, le beurre et les feuilles de laurier dans une grande casserole, à feu moyen ou élevé.
- Incorporer l'ail, l'oignon, les carottes, le céleri rave et les pommes de terre au mélange et faire bouillir.
- Une fois l'ébullition atteinte, ramenez à un frémissement régulier en réduisant le feu ; continuez à remuer régulièrement pendant 18 minutes.
- Retirez du feu pour ajouter le thym avant de verser dans un moule de 3 pintes, ajoutez du sel et du poivre selon votre goût.
- Mélangez la chapelure et le gruyère râpé dans un petit bol.
- Couvrir les légumes avec le crumble et mettez au four pendant environ 30 minutes - ou jusqu'à ce que la garniture soit légèrement dorée.

Sandre, champignons à la crème et beurre au raifort

Le sandre est un poisson couramment utilisé en Suède, sa palette de saveurs est similaire à celle du doré américain. Si vous ne trouvez pas de sandre, vous pouvez le remplacer par du vivaneau ou du doré jaune. Quelle que soit votre version de ce plat suédois, vous impressionnerez vos amis par sa texture savoureuse et chaleureuse.

Personnes : 4. Temps : 45 minutes.

Ingrédients :

- 1 (115g) morceau de raifort frais, pelé et râpé finement (ou ½ raifort préparé)
- Poivre noir fraîchement moulu
- Poivre blanc moulu
- Sel Kosher
- 290g de beurre non salé
- ½ tasse de chapelure
- 2 cuillères à soupe de persil plat grossièrement haché
- 2 cuillères à soupe de crème épaisse
- 340g de champignons cremini coupés en deux
- 115g de filets de brochet, de perche ou de doré jaune, avec la peau

Instructions :

- Dans une grande poêle, faites fondre 30g de beurre à feu vif.
- Une fois le beurre fondu, ajoutez les champignons et poursuivez la cuisson pendant 4 minutes.
- Faites revenir les champignons pendant 4 minutes supplémentaires pour éliminer toute humidité. Remuez régulièrement.
- Saupoudrez les champignons de sel et de poivre blanc avant d'ajouter la crème et 30g supplémentaires de beurre.
- Retirez les ingrédients du feu et couvrez-les avec un couvercle.

- À feu moyen, faites fondre 115g de beurre dans une petite casserole, puis ajoutez le raifort.
- Retirez du feu et couvrez, laissez reposer pendant 10 minutes pendant la préparation du poisson.
- Dans une autre grande poêle, faites fondre les 115g restants de beurre à feu moyen ou élevé, jusqu'à ce qu'il soit bruni.
- Prenez les filets de poisson et assaisonnez-les de sel et de poivre noir, puis enrobez-les uniformément de tous les côtés avec la chapelure.
- En petits groupes, faites cuire les filets dans la grande poêle avec le beurre fondu, en veillant à ce que le côté peau soit vers le bas.
- Une fois que le côté peau a pris une couleur dorée, retournez le poisson et terminez la cuisson.
- Une fois qu'ils sont bien cuits, retirez les filets et placez-les sur du papier absorbant pour les égoutter.
- Transférer les champignons dans un grand plat et les garnir de persil.
- Disposer le poisson sur les champignons, arroser avec le beurre de raifort chaud et servir immédiatement.

Soupe de potiron à l'orange et au parmigiano-reggiano

Si vous n'avez jamais mangé de potiron rôti caramélisé, préparez-vous à une explosion de nouvelles saveurs. Il se trouve que cette soupe d'hiver scandinave est la meilleure façon de les découvrir. Le jus et le zeste d'orange incorporés dans le plat juste avant de servir lui donnent son "punch" caractéristique.

Personnes : 8. Temps : 3 heures.

Ingrédients :

- 6 cuillères à soupe d'huile d'olive extra-vierge
- Sel Kasher et poivre noir fraîchement moulu
- 4 gousses d'ail émincées
- 1 piment Fresno ou jalapeño rouge, étigé, épépiné et finement tranché
- Jus et zeste finement râpé d'une orange
- 6 tasses de bouillon végétal
- 1 gros oignon jaune, finement tranché
- 1 tasse de crème fraîche, et un peu plus pour garnir
- 1,25kg de potiron ou de courge butternut
- Du parmigiano-Reggiano, pour servir

Instructions :

- Laisser le four chauffer à 350°.
- Sur une planche à découper, coupez le potiron dans le sens de la longueur en deux morceaux égaux et retirez les graines dans un bol.
- Prenez et coupez chaque moitié de citrouille en 6 quartiers, puis placez-les sur une plaque de cuisson.
- Utilisez les 3 cuillères à soupe d'huile d'olive pour enrober légèrement le potiron, salez et poivrez à votre convenance et faites cuire jusqu'à ce qu'il soit facile à piquer avec une fourchette, soit environ 40 minutes.

- Retirer du four et placer la citrouille sur une grille de refroidissement.
- Baissez le four à 300°.
- Prenez les graines de courge et retirez la pulpe filandreuse en les rinçant à l'eau. Une fois propres, placez les graines sur du papier absorbant pour les faire sécher à l'air libre.
- Une fois sèches, mélangez les graines dans un petit bol avec 2 cuillères à soupe d'huile d'olive, du sel et du poivre.
- Sur une petite plaque de cuisson, placez uniformément les graines et faites-les cuire jusqu'à ce qu'elles soient croustillantes, soit pendant 1 heure.
- Placez la plaque sur une grille de refroidissement.
- Dans une grande casserole, à feu moyen voire élevé, faites chauffer les 2 dernières cuillères à soupe d'huile d'olive.
- Ajoutez l'oignon, le piment et l'ail dans l'huile d'olive, en remuant environ 6 minutes jusqu'à ce qu'ils soient tendres.
- Retirer la chair du potiron avec une cuillère et l'ajouter aux oignons. Jeter la peau.
- Versez le bouillon et portez à ébullition.
- Poursuivez la cuisson et ramenez le feu à un frémissement, remuez de temps en temps tout en réduisant légèrement la soupe. Cela prendra 30 à 40 minutes.
- À l'aide d'un mélangeur - debout ou à immersion - ajouter la soupe et réduire en purée jusqu'à obtenir une consistance lisse. Remettre la purée dans la casserole et poursuivre la cuisson à feu doux.
- Incorporer le zeste d'orange, la crème fraîche et le jus, jusqu'à ce que le tout soit bien chaud.
- Éteindre le feu, assaisonner avec du poivre et du sel et placer les portions désirées dans des bols.
- Sur chaque portion, ajoutez quelques graines de courge grillées, une bonne quantité de Parmigiano-Reggiano râpé et une boule de crème fraîche.
- Savourez !

<u>Kladdkaka (gâteau au chocolat suédois)</u>

Un peu comme son homologue américain - le brownie fondant - ce délicieux dessert peut être servi frais ou chaud, accompagné d'une portion de crème glacée. La texture légèrement étrange du kladdkaka provient de l'utilisation de beurre fondu plutôt que réfrigéré. Cela permet de garantir qu'un minimum d'air s'infiltre dans la pâte, ce qui donne un gâteau au chocolat une texture particulière.

Ingrédients :

- 7 cuillères à soupe de poudre de cacao naturelle
- 2 cuillères à café d'extrait de vanille
- ¼ de cuillère à café de sel Kasher
- ¼ de tasse de chapelure de pain
- 1 tasse de sucre
- 10 cuillères à soupe de beurre non salé fondu et refroidi, et plus pour graisser
- 1 tasse de farine tamisée
- 2 gros œufs
- Crème fouettée, pour servir

Instructions :

- Préchauffez le four à 400°.
- Prenez un moule à charnière de 22 cm, graissez-le avec du beurre et enduisez uniformément les côtés et le fond avec de la chapelure. Jetez l'excédent.
- Dans un bol de taille moyenne, mélanger 10 c. à soupe de beurre fondu, la poudre de cacao, le sucre, le sel et la vanille.
- Incorporer un œuf à la fois jusqu'à ce que le mélange soit homogène.
- Incorporer légèrement la farine à la pâte, puis transférer le tout uniformément dans le moule enduit.

- Faites cuire pendant près de 10 minutes en laissant le gâteau former une fine peau sur le dessus tout en laissant le centre mou.
- Transférez le moule à charnière sur une grille pour qu'il refroidisse complètement avant de le mettre au réfrigérateur pendant une heure.
- Démoulez le gâteau et ajoutez de la crème fouettée avant de vous régaler.

<u>Riz au lait avec coulis de framboises</u>

Ce dessert suédois est plus léger que les riz au lait traditionnels et nettement moins sucré. Il est consommé en Scandinavie à la fois comme petit-déjeuner et comme dessert. La consistance caractéristique de ce dessert provient de l'utilisation de riz arborio ou d'autres riz à grains courts.

Personnes : 6.

Ingrédients :

- ½ cuillère à café d'extrait de vanille
- 1 ½ tasse de crème épaisse
- Noix de muscade
- 2 tasses de framboises fraîches ou congelées
- 1/3 de tasse plus 2 cuillères à soupe de sucre
- 1 ¼ de tasse de riz arborio
- 8 tasses de lait

Instructions :

- Portez le lait à ébullition dans une casserole moyenne à feu moyen-élevé.
- Ajoutez 1/3 de tasse de sucre et le riz, puis réduisez le feu à moyen-doux et laissez mijoter pendant environ 45 minutes, le temps que le riz devienne tendre et que la majeure partie du liquide soit absorbée. Remuez régulièrement.
- Mettre le pudding de côté et ajouter l'extrait de vanille. Continuer à refroidir.
- Préparez ensuite les framboises.
- Dans un robot culinaire, ajoutez les fruits et 2 cuillères à soupe de sucre, et réduisez en purée jusqu'à obtenir une texture lisse.
- Prenez une passoire fine et filtrez la sauce aux framboises, mettez-la de côté.

- Fouettez la crème épaisse.
- Terminer le pudding en incorporant la crème, puis répartir à la cuillère dans des bols.
- Verser la sauce aux framboises sur les bords du pudding et saupoudrer de noix de muscade.

Biscuits au sucre et à la cannelle

Les biscuits danois au sucre et à la cannelle sont un mariage parfait entre les biscuits au sucre classiques et les snickerdoodles. Parfaits lorsqu'ils sont trempés dans un café au lait frais ou dégustés avec une tasse de thé près d'un feu réconfortant, vous pouvez préparer ces délices vous-même en un rien de temps.

Personnes : 8. Temps : 30 minutes.

Ingrédients :

- 1 gros œuf
- ½ cuillère à café de sel Kasher
- 1 cuillère à café d'eau
- 1/8 de cuillère à café de bicarbonate de soude
- ¼ de tasse de sucre turbinado
- 1 ½ cuillère à café de cannelle moulue
- 2 ½ tasses plus 2 c. à soupe de farine tout usage, et un peu plus pour saupoudrer
- 10 cuillères à soupe de sucre
- 225g de beurre tendre non salé

Instructions :

- Allumez le four à 350°.
- Utilisez un batteur à main à vitesse moyenne pour combiner le beurre, le jaune d'œuf et le sucre jusqu'à ce que le mélange soit mousseux.
- Ajouter le sel, le bicarbonate de soude, l'eau et la farine, en battant à faible intensité jusqu'à ce que le tout soit légèrement mélangé.

- Déposez la pâte sur une surface de travail enfarinée et l'applatir à une épaisseur de 6 mm. Coupez les biscuits à l'aide d'un emporte-pièce circulaire ou en étoile de 4,5 cm.
- Placez les biscuits coupés sur une plaque de cuisson.
- Mélangez la cannelle et le sucre turbinado, puis saupoudrer les biscuits.
- Faites cuire au four environ 12 minutes ou jusqu'à ce que les biscuits soient dorés.

Vivre Hygge - Notre défi de 30 jours

À ce stade, votre formation dans le domaine du hygge est presque terminée. Lorsque nous avons commencé, le hygge était probablement un concept abstrait et étrangement européen dans votre esprit ; maintenant, vous lisez probablement à la lumière des bougies. C'est bien, vous apprenez.

Vous avez probablement aussi réalisé que le hygge est un concept totalement malléable. Il n'y a pas de limite ou d'exigence dans le style de vie hygge - vous pouvez aller aussi loin que vous le souhaitez.

À première vue, nous faisons tous l'expérience du hygge de temps en temps. Après tout, les Danois n'ont aucun secret pour se détendre dans un environnement douillet. Le hygge peut être dans la pièce avec nous chaque fois que nous sommes libres de nos obligations et que nous nous sentons bien.

D'autre part, certaines personnes sont tellement amoureuses du concept de hygge qu'elles l'étendent à tous les domaines de leur vie. Le hygge est une notion sans limites, ce qui lui permet de s'étendre à l'infini.

Avez-vous intégré consciemment le hygge dans votre vie quotidienne ? Vous l'appréciez tellement que vous souhaitez expérimenter une vie de dévotion au hygge ? Alors nous avons le défi qu'il vous faut.

On dit que 30 jours, c'est à peu près le temps qu'il faut pour prendre ou perdre une habitude. Si le hygge est l'habitude que vous cherchez à prendre, essayez d'incorporer ces éléments dans votre vie au cours des 30 prochains jours. Nous vous mettons au défi.

JAN
M
T
W
T
F
S
S

Bougies

Beaucoup, beaucoup de bougies. Lorsque vous arrivez chez vous le soir, ne faites pas grand-chose d'autre avant d'allumer toutes les bougies de votre espace de vie. Vous pouvez également tamiser l'éclairage électrique. Un espace éclairé à la bougie est une base parfaite pour toute expérience de type hygge. Essayez pendant 30 jours et voyez comment vous vous sentez. Bien sûr, veillez à ce qu'une pièce éclairée à la bougie ne soit pas laissée sans accompagnement ; éteignez-les si vous ne restez pas dans la pièce.

Lever/coucher du soleil

Le hygge consiste en partie à profiter des plaisirs simples de la vie. En ces temps modernes et chargés, il est facile pour nous de passer à côté des miracles de la vie, comme le lever et le coucher du soleil.

Chaque jour, le ciel nous offre un spectacle lumineux inimaginable ; une patine de couleurs brûle le ciel nocturne lorsque le soleil se lève, pour que la nuit prenne à nouveau le dessus sur la lumière lorsqu'il se couche.

Au cours des 30 prochains jours, prenez le temps de vivre pleinement au moins un coucher ou un lever de soleil, seul ou avec un compagnon. Arrivez avant que cela ne commence et allez jusqu'au bout. Essayez d'être présent dans l'instant, et pensez au hygge. Pendant que le spectacle divin de la lumière se déroule dans le ciel devant vous, pensez à la joie d'être en vie.

Jeux de société

Vous pourriez dire : "Qui a besoin de jeux de société - j'ai un iPad !"

Nous ne disons pas que les iPads ne sont pas formidables - ils sont en fait assez impressionnants. Cependant, des technologies comme celles-ci ont un prix. Pour l'efficacité et l'innovation qu'ils offrent, ils font en sorte que leurs utilisateurs délaissent les activités sociales traditionnelles.

Alors, dépoussiérez votre jeu de société préféré et prévoyez une soirée pour vous y adonner avec votre famille. Vous serez surpris du plaisir sain et hygge que vous aurez tous.

Méditation et yoga

Les scientifiques rattrapent progressivement les avantages de la méditation. Le yoga, lorsqu'il est pratiqué en pleine conscience, ne vous laisse aucune place pour être ailleurs que dans le moment présent. En vous concentrant sur votre respiration et en suivant les instructions, vous vous trouverez bientôt à une distance de sécurité de tous les problèmes de votre vie.

En guise d'exercice mental et spirituel, envisagez la mise en place d'un programme de méditation quotidien dans votre routine. Il vous faudra peut-être quelques séances pour vous y habituer, mais le concept est simple : fermez les yeux, installez-vous confortablement et dirigez vos pensées exclusivement vers le rythme de votre respiration. Soyez conscient de votre cycle respiratoire, ne pensez à rien d'autre qu'à l'inspiration et à l'expiration de votre souffle.

Au bout d'un moment, vous remarquerez que le bavardage constant qui régit normalement votre esprit s'est considérablement atténué, et qu'il ne reste que vous et votre moi intérieur. Profitez de cette tranquillité tant que vous le pouvez, et essayez d'emporter cet état d'esprit partout où vous allez.

Évitez la négativité

L'esprit humain est une machine incroyablement puissante et mystérieuse. Si la science a fait de grands progrès dans la compréhension de la cognition humaine, nous sommes encore à des années-lumière de pouvoir assembler toutes les pièces du puzzle.

Il y a donc plus qu'assez de place pour poser certaines questions : notre perspective sur la vie dépend-elle des circonstances extérieures, ou les circonstances extérieures dépendent-elles de notre perspective ?

C'est une question intéressante et, bien que nous ne connaissions pas la réponse, elle se situe probablement quelque part entre les deux. Ce que nous savons, c'est que, même si nous ne décidons pas des pensées qui nous viennent à l'esprit, nous décidons de l'attention que nous leur portons.

La bonne nouvelle est que vous pouvez expérimenter cette idée par vous-même. La meilleure nouvelle, c'est que nous ne vous laissons pas d'autre choix que de le faire : au cours des 30 prochains jours, nous voulons que vous ayez le moins de pensées négatives possible.

"Scandaleux !", direz-vous. "Vous ne savez pas à quoi ressemble ma vie. Éviter la négativité serait impossible."

C'est tout à fait normal : il peut être difficile, voire impossible, de préserver son esprit de toute négativité. Cependant, il y a beaucoup de choses que nous pouvons faire pour l'étouffer.

Soyez scientifique quant aux pensées auxquelles vous accordez du crédit. Réalisez que vos pensées ne sont pas vous ; elles tombent de l'éther dans votre tête, et ce que vous en faites ne dépend que de vous. La prochaine fois qu'une pensée négative apparaît dans votre esprit, voyez-la pour ce qu'elle est, et laissez-la simplement dériver.

Lorsque vous faites cela, il n'y a qu'une seule chose qui se produit ensuite : une autre pensée vous vient à l'esprit, et elle peut également être négative ou positive. Si elle est négative, rincez et répétez. Si elle est positive, saisissez-la et voyez où elle vous mène.

Un journal est un excellent moyen de noter vos pensées négatives sur papier et de réfléchir à leur source et à leur solution. En mettant la négativité en perspective, vous commencerez à trouver de nouvelles façons d'aborder vos problèmes et vous les résoudrez petit à petit. Après avoir fait le vide dans votre esprit grâce à votre journal, vous pouvez le remplir de positivité saine en lisant quelques citations inspirantes ou en appelant un ami qui vous met toujours de bonne humeur.

En changeant votre état d'esprit au cours de ces 30 prochains jours, nous ne doutons pas que vous constaterez une amélioration significative de la qualité de votre vie. Et, bien sûr, vous aurez éliminé tous les chemins par lesquels la négativité pouvait passer, ce qui fera d'autant plus de place à un hygge de qualité.

Communication

Puisque vous êtes de toute façon sur la voie du développement personnel, pourquoi ne pas commencer à ouvrir les lignes de communication entre vous et ceux qui vous entourent ? Un dialogue ouvert est un moment idéal pour que le hygge chaleureux prenne le dessus.

Nos filtres sont utiles, ne serait-ce que pour le fait qu'ils nous empêchent de dire quelque chose d'embarrassant. Bien sûr, le revers de la médaille des filtres est qu'ils mettent en bouteille certaines choses qu'il vaut mieux dire à voix haute.

Dans la philosophie hygge, l'honnêteté est toujours la meilleure politique. Dans les moments où votre instinct vous pousse à vous mordre la langue, faites exactement le contraire : dites ce que vous avez en tête. Vous pourriez être surpris de l'accueil qui lui sera réservé.

Bien sûr, l'honnêteté pure ne doit être offerte que selon certains cas. Lorsque l'honnêteté se transforme en critique, il est préférable de la garder pour un moment autre que le hygge. Les commentaires - même lorsqu'ils sont donnés avec les meilleures intentions - ont tendance à rabaisser les gens, ce qui crée une brèche dans votre ambiance hygge. Soyez toujours ouvert aux autres, mais soyez également attentif à leurs sentiments.

Passer du temps avec les gens

Aujourd'hui, la technologie nous a reliés de toutes les manières imaginables. Cependant, cela semble s'être fait au prix d'une réduction de la communication en face à face. Nous sommes davantage dans nos têtes et nos téléphones que dans la conversation avec la personne avec laquelle nous sommes.

Les Danois n'en sont pas exempts. Ils penchent la tête sur leur téléphone comme nous le faisons tous. La différence est qu'ils viennent du pays du hygge ; lorsqu'ils sont avec les autres, ils sont pleinement avec eux.

Au cours des 30 prochains jours, essayez de ranger votre téléphone dans votre poche lorsque vous passez des moments agréables avec vos amis et votre famille. Prenez le temps du hygge : le monde réel n'a pas besoin que vous répondiez immédiatement à vos e-mails.

Se connecter avec les autres

Le téléphone est là pour une raison : utilisez-le !

Lorsqu'on adopte un style de vie hygge, on se rend compte que rien n'est plus précieux que les bonnes personnes qui nous entourent. La vie étant ce qu'elle est, il est facile de laisser de côté les relations saines - un effet secondaire malheureux du "monde réel".

La bonne nouvelle, c'est que, parfois, un simple coup de fil suffit pour renouer de vieilles relations. S'il y a un vieil ami qui vous revient souvent à l'esprit, ce défi de 30 jours est l'excuse parfaite pour lui téléphoner. Vous n'avez pas besoin d'une raison particulière pour le faire - peut-être avez-vous simplement envie d'entendre à nouveau sa voix.

Bien sûr, un appel téléphonique peut représenter un engagement considérable, c'est pourquoi l'e-mail ou les réseaux sociaux constituent une autre option. Quel que soit le moyen utilisé, une fois que vous aurez contacté la personne en question, elle sera de retour dans votre vie et vous pourrez vous arranger pour la voir pour un vrai moment hygge en personne.

Cuisine/pâtisserie

Parce que la nourriture délicieuse et le bien-être vont de pair, vous pouvez profiter de ce défi de 30 jours pour améliorer votre cuisine. Que vous soyez un novice ou un grand chef, choisissez au moins une nouvelle recette amusante par semaine et essayez-la avec votre famille. S'ils sont d'accord, offrez-leur un tablier pour qu'ils puissent aussi participer à l'action !

Hobbies

Le hygge consiste à profiter de la vie de la manière la plus simple possible, et nos passions sont des vecteurs de plaisir.

Avec toutes les exigences du monde réel, il est difficile pour nous de prendre le temps nécessaire pour les loisirs - en particulier les loisirs solitaires.

Mais, heureusement pour vous, nous venons de vous donner un laissez-passer pour consacrer le plus de temps possible à vos loisirs. Si vous êtes très occupé par votre travail et vos obligations familiales, il se peut que vous deviez prévoir des moments de loisir dans votre semaine, ce qui est tout à fait normal. Tant que vous trouvez au moins quelques heures par semaine à consacrer à votre passion, c'est beaucoup mieux que de la mettre complètement de côté.

Photographies

Lorsque vous vous accordez ces moments hygge de loisir et de détente, n'oubliez pas de les immortaliser sur votre appareil photo ! Une image vaut mille mots, et mille photos d'un millier de rassemblements hygge en valent un million.

Films

Toute expérience cinématographique s'accompagne d'une nuance de hygge. Chaque semaine, choisissez un bon film à regarder avec votre famille. Peu importe que vous alliez au cinéma ou que vous en profitiez depuis chez vous ; tant que vous serez tous assis ensemble devant l'écran, vous serez assis ensemble dans le hygge.

Pique-nique

Selon l'endroit où vous vous trouvez dans le monde et la saison actuelle, un pique-nique n'est peut-être pas envisageable. Si c'est le cas, vous pouvez toujours manger à l'intérieur avec vos proches et le hygge vous accompagnera.

Mais si le temps permet un pique-nique, nous ne vous laissons pas d'autre choix que d'en profiter. Au cours des 30 prochains jours, prévoyez au moins un pique-nique dans un endroit qui vous est cher, pour vous et vos proches.

Consultez nos délicieuses recettes scandinaves pour trouver des idées de plats, ou simplifiez-vous la tâche en vous contentant de sandwichs et de jus de fruits. Tant que vous profitez de la nature et de la bonne nourriture avec des personnes que vous aimez, vous serez parfaitement hygge.

Nature

Là encore, le plaisir de la nature dépend largement de la météo ; il est difficile de se sentir zen et libre sous une pluie torrentielle. Cependant, comme les Danois le démontrent année après année tout au long de leurs hivers rugissants, un petit temps rude ne devrait jamais être autorisé à effacer le sourire de votre visage.

Si le temps n'est pas assez agréable pour que vous puissiez profiter de la nature, vous pouvez au moins apprécier ses cycles. Le mauvais temps apporte toujours le bon, et vice versa. Nous ne pouvons pas contrôler les conditions extérieures ; ce que nous pouvons contrôler, c'est notre attitude à leur égard.

Étrangers

Aimez ceux que vous ne connaissez pas. C'est un concept étrange, mais ça ne devrait pas l'être. Ce n'est pas pour rien qu'on nous apprend à ressentir une certaine forme d'appréhension à l'égard des étrangers - la sécurité avant tout, après tout.

Cependant, cette forme de pensée laisse beaucoup de place à l'exagération ; en cherchant à se protéger des autres, il est facile de les exclure par inadvertance.

Au cours des 30 prochains jours, essayez plutôt d'accorder aux inconnus le bénéfice du doute. Lorsque vous regardez une personne que vous ne connaissez pas, souriez-lui. Si un inconnu s'invite dans une réunion sociale à laquelle vous participez, traitez-le comme si vous étiez déjà amis.

Si vous continuez comme ça pendant les 30 prochains jours, vous pourriez avoir une poignée de nouveaux amis avec qui profiter du hygge.

Livres

Si vous n'êtes pas un lecteur, vous allez maintenant en devenir un : nous vous confions au moins un livre à lire au cours des 30 prochains jours. Vous pouvez choisir ce livre, mais vous n'êtes autorisé à le lire que dans un environnement hygge. Se perdre dans un livre tout en se perdant dans un environnement hygge est une expérience merveilleusement apaisante, rendue encore plus hygge par le bruit crispant d'une page que l'on tourne.

Écriture

Au cours des 30 prochains jours, prenez le temps d'écrire. Vous pouvez écrire une lettre (à envoyer ou non, à vous-même ou à quelqu'un d'autre), un récit personnel ou une nouvelle. Vous pouvez même utiliser ce défi de 30 jours comme une excuse pour commencer enfin à rédiger ce roman fantastique auquel vous pensez toujours. En écrivant quoi que ce soit, dans la chaleur d'une intimité totale, vous avez accès à un puits de hygge illimité.

Faites des promenades

Vous pourriez être étonné de ce que le simple fait de mettre un pied devant l'autre peut faire pour vous.

En fait, au fil des siècles, de nombreux écrivains ont surmonté leurs difficultés en s'éloignant de leur machine à écrire et en faisant le tour du pâté de maisons. Il y a une certaine magie subtile dans cette activité, comme si votre psyché était recyclée à chaque pas.

Au cours des 30 prochains jours, chaque fois que vous aurez l'occasion de faire une petite promenade, pensez à le faire. Lorsque vous êtes dehors, faites-vous un devoir d'écouter les sons et les images de votre quartier. Regardez attentivement les arbres, les maisons et la rue elle-même. Prêtez attention à vos voisins lorsqu'ils passent devant vous, et offrez-leur peut-être un simple "Bonjour".

L'acte de marcher peut sembler insignifiant pendant que vous le faites. Cependant, une fois rentré chez vous, vous vous retrouverez avec une perspective revigorée, rafraîchie, et vous serez totalement prêt pour plus de hygge.

Faites-vous plaisir

Un petit verre de vin ou deux à la fin de la soirée n'a jamais fait de mal à personne. Si vous avez travaillé dur, vous le méritez.

Installez-vous dans un cadre confortable, versez un verre pour vous et votre partenaire, mettez une playlist jazzy et profitez simplement d'être ensemble.

Confort

Si vous ne disposez généralement pas de temps d'arrêt dans la journée, prévoyez-le ! Tout comme vous prenez du temps pour tout le reste, vous pouvez prendre du temps pour vous.

Au cours des 30 prochains jours, planifiez chaque jour 30 minutes de votre activité préférée, confortable et sans stress. Il peut s'agir de vous prélasser sur votre terrasse au soleil ou de vous blottir contre votre partenaire pour regarder votre émission de télévision préférée. Quoi qu'il en soit, assurez-vous de ne pas vous occuper de vos autres tâches - un confort adéquat exige votre présence totale dans le moment présent. Vous pourrez revenir à tout le reste une fois vos 30 minutes écoulées.

Êtes-vous prêt ?

Notre défi de 30 jours est là pour vous, si vous décidez de le relever. Si vous le faites et que vous suivez chaque point de notre liste, il ne fait aucun doute que vous deviendrez un véritable saint patron du hygge.
Vous émettrez une aura de relaxation floue partout où vous allez, les bougies s'allumant au passage. À partir de ce moment-là, vous ne pourrez plus faire marche arrière : vous serez hygge pour de bon.

Hygge Solo

Pour les vagabonds solitaires : ne pensez pas que nous vous avons laissés de côté. Ce chapitre est pour vous.

Certaines personnes sont des îles ; elles apprécient de croiser d'autres personnes lorsqu'elles le font, mais elles préfèrent également passer la plupart de leur temps libre seules.

Si cela vous ressemble, ne pensez pas qu'il faille réunir un groupe de personnes pour faire l'expérience du hygge - c'est une chose polyvalente, après tout.

Le hygge peut être ressenti aussi authentiquement par une personne seule que par un groupe d'amis dans un café danois le lendemain de Noël. En effet, tout comme l'idée du hygge peut améliorer une expérience de groupe, elle peut faire de même pour une expérience en solo.

Pour commencer, les voyageurs solitaires peuvent intégrer le hygge dans leur vie en s'efforçant de prendre du temps pour eux.

Par exemple, au lieu de passer une nuit à regarder la télévision après le travail, écrivez un plan spécifique que vous aurez hâte d'exécuter. Vous pouvez consacrer du temps à votre hobby et peut-être vous préparer votre repas préféré à l'avance. Puisque c'est du hygge, vous pouvez toujours renforcer la chaleur de la soirée avec quelques bougies et un doux parfum.

Lorsque vous passez ce temps libre seul, gardez à l'esprit le moment présent. Appréciez votre personne, votre environnement et les personnes qui font partie de votre vie. Pensez à l'avenir que vous souhaitez et à la façon dont vous pouvez y parvenir. Remplissez votre esprit de pensées positives - c'est facile comme bonjour.

Au bout du compte, lorsque vous vous retrouverez dans une réunion sociale, vous introduirez naturellement une ambiance hygge dans l'environnement. Vous en profiterez aussi, jusqu'à ce qu'il soit temps de rentrer chez vous.

L'heure du hygge a sonné

Vous êtes officiellement au courant de tout ce qui concerne le hygge. Maintenant, vous êtes libre de ressortir le terme pour impressionner vos amis lors du prochain cocktail, et vous pourrez les informer sur le mouvement.

Vos amis et votre famille apprécieront probablement l'idée du hygge. Pourquoi ne le feraient-ils pas ? Elle met un nom sur l'énergie qui les entoure pendant leurs moments préférés.

N'oubliez pas que le hygge est un concept polyvalent. Vous n'avez pas besoin de le connaître pour le ressentir.

De plus, en le connaissant, vous êtes en mesure de vous l'approprier entièrement. Ayez une idée du hygge en tête, puis vivez-le comme vous seul pouvez le faire.

C'est ainsi qu'on fait les choses au Danemark et dans les autres pays scandinaves. Ce sont les endroits les plus heureux du monde, et ce n'est pas une coïncidence s'ils regorgent tous de Hygge.

VOTRE CADEAU

Nous aimerions vous offrir un cadeau pour vous remercier d'avoir acheté ce livre. Vous pouvez choisir parmi tous nos autres titres publiés.

Vous pouvez obtenir un accès immédiat à l'un de nos livres en cliquant sur le lien ci-dessous et en vous inscrivant sur notre liste de diffusion :

https://campsite.bio/housepresspublishing